Rabenmütter und Heimchenväter

Für die große Liebe x 3:
Gerd, Leo und Felix.
Ihr seid ein Geschenk.

Für die Vereinbarkeit von Familie und Beruf – ein leidenschaftliches Plädoyer

Vorwort

Während ich dieses Vorwort schreibe, fährt die Kinderfrau unseren fast vierjährigen Sohn zur Musikschule. Mein Mann begleitet unseren Siebenjährigen zu einem Fußballspiel, danach werden sie fürs Wochenende einkaufen.

Sobald ich meine Arbeit am Vorwort beendet habe, werde ich das Abendessen kochen, mit den Jungs Feuerwehrstationen zusammenbauen und Geschichten von wilden Kerlen und Räubern im Wald vorlesen. Wenn die Kinder im Bett sind, werde ich an den Schreibtisch zurückkehren.

Wenn Frauen sich zwischen Beruf und Kindern entscheiden, sind sie oft unglücklich. Sie können sicher sein: Ein wichtiger Teil ihres Lebens wird bald fehlen, egal, wie die Wahl ausfällt.

Wenn Frauen auf nichts verzichten wollen und versuchen, beides zu vereinbaren, bezahlen sie oft einen hohen Preis: Ein Marathon zwischen Büro auf der einen Seite und Kinderzimmer, Mann und Freizeit auf der anderen Seite beginnt, immer überschattet vom schlechten Gewissen und der Angst, nicht allem hundertprozentig gerecht zu werden.

Dazu hagelt es oft Kommentare von allen Seiten: Hausfrauen im Bekanntenkreis verdammen die angeblich so schädliche

Fremdbetreuung, die Großmütter schütteln den Kopf wegen der so übertriebenen Karrierewünsche, kinderlose Freundinnen haben weder Verständnis für den Stress noch für die Tränen beim täglichen Abschied oder für die Überwindung, die es an manchen Tagen kostet, das Kind in andere Hände zu geben.

Die Betreuungsmodelle in Deutschland müssen verbessert werden: Ab August 2013 haben auch Kinder unter drei Jahren einen Anspruch auf einen Kita-Platz. Die Wirklichkeit sieht vielerorts noch anders aus. Momentan ist weiterhin die Kreativität der Eltern gefragt, wenn sie die Vereinbarkeit von Familie und Beruf leben wollen. In diesem Buch werden verschiedene Modelle dazu vorgestellt: vom Au-pair über Großeltern und Tagesmütter bis zur privaten Nanny, die ins Haus kommt. Oder das Modell Hausmann, der die Kinder betreut, während die Frau ihrem Beruf nachgeht.

Wenn Väter sich entscheiden, in Elternzeit zu gehen, werden sie heute von der Gesellschaft als Helden gefeiert, noch bevor sie die erste Windel gewechselt haben. Die Vorschusslorbeeren sind groß. Ein Vater in der Krabbelgruppe oder auf dem Spielplatz fällt immer noch auf. Warum haben sich diese Männer trotz finanzieller Einbußen und hämischer Blicke vonseiten vermeintlich ganzer Kerle für eine Auszeit im Beruf und für ein intensives Zusammensein mit ihrem Kind entschieden? Mit welchen Anfangsschwierigkeiten hatten sie zu kämpfen, was waren für sie die Erlebnisse, die sie am meisten bereichert haben? Fragen, die die Männer im Buch offen beantworten.

Eines eint sie alle: Die Elternzeit für die »Heimchenväter« in den folgenden Kapiteln war die anstrengendste und zugleich die erfüllendste Aufgabe ihres Lebens. Die meisten dieser Männer hatten die eigenen Väter nur abends und sporadisch am Wochenende erlebt, sie selbst wollten stärker teilhaben an der Entwicklung ihrer Kinder. Voller Liebe stellten sie fest, was für eine wunderschöne und anspruchsvolle Aufgabe dies ist.

Väter sind nicht nur halb so gute Mütter. Väter sind gleichberechtigt. Immer mehr Männer wollen sich mehr einbringen, eine größere Rolle im Leben ihrer Kinder spielen. Immer häufiger nehmen sie immer länger Elternzeit und kümmern sich um Töchter und Söhne, während die Mütter ihrem Beruf nachgehen.

Doch nach wie vor werden Vollzeit-Väter von anderen Männern als »Weicheier« und »Luschen« bezeichnet. Arbeitgeber schicken sie aufs Karriere-Abstellgleis. Aber auch Frauen können Männer vergraulen: In Krabbelgruppen und Spielkreisen wird ihnen nicht selten Skepsis und Kritik entgegengebracht, wenn die Väter sich ihren Platz in der Mütterrunde erobern wollen.

Welch große Leistung Hausfrauen vollbringen, ist den Vätern in Elternzeit in diesem Buch mehr als klar geworden. Wie ein Vater bekennt, würde er nicht wagen, das geflügelte Wort vom »bisschen Haushalt« in den Mund zu nehmen. Und einige andere sind sich einig, dass ein Tag im Büro erholsamer ist als der zu Hause mit Kindern und Wäschebergen. Nur wer es ausprobiert hat, kann nachvollziehen, was Mütter leisten.

»Wie machst du das nur?«, werde ich oft von anderen Frauen gefragt. »Und zum Sport gehst du auch noch?« Manchmal möchte ich zurückfragen: »Warum machst du das nicht?« Klar ist: Ohne einen Mann, der über Gleichberechtigung nicht nur spricht, sondern sie auch lebt, wäre unser Lebensmodell nicht möglich. Ohne die eigene Mutter, die mir eine Generation vorher schon die Vereinbarkeit vorgelebt hat, hätte ich vielleicht weitaus weniger Mut und Kraft gehabt. In einen Beruf, den ich nicht mit so großer Leidenschaft ausüben würde, hätte ich nicht so viel Zeit gesteckt.

Die Weichen sind in meinem Fall also gut gestellt. Dabei wünschte ich mir etwas mehr Interesse am Gelingen dieser Art Lebensmodell. Mittlerweile habe ich mir ein dickeres Fell zugelegt und doch schwanke ich zwischen Lachen und Weinen, wenn mein Gegenüber mehr oder weniger unverhohlen überrascht feststellt, dass meine Kinder »ganz normal« sind und prächtig gedeihen.

Viele Menschen verstehen nicht, wie es machbar ist, trotz der Ausübung eines Berufs viel Zeit, die obendrein noch intensiv ist, mit den Kindern zu verbringen.

Es gehören viel Disziplin und eine exakte Organisation dazu. Während andere noch schlafen, sitze ich schon am Schreibtisch. Wenn andere Feierabend haben, setze ich mich wieder an meine Arbeit. Auf dem Stepper im Fitnessstudio bearbeite ich E-Mails und lese Fachliteratur. Auf Autofahrten telefoniere ich viel geschäftlich und pflege private Kontakte, die über ganz Deutschland verstreut sind. Bei mir bleibt kaum eine Minute ungenutzt. Entweder für die Kinder oder für meinen Beruf.

Ich möchte kein Haustier, keinen Ziergarten und ich nähe nicht. Dafür ist mir meine Zeit zu schade. Mein Mann und ich nehmen uns immer wieder Abende frei, nur für uns, weil wir wissen, dass die Paarbeziehung nicht vergessen sein darf. Diese Zweisamkeit darf, muss, sollte möglich sein.

Ich arbeite, während unsere wunderbare Hilfe Aufgaben im Haushalt übernimmt. Ich arbeite, während die Kinder Mittagsschlaf machen oder mit den Hausaufgaben beschäftigt sind, die selbstverständlich ich betreue. Ich gehe zum Kampfsport-Training, sobald mein Mann zu Hause ist. Er kümmert sich dann um Kinder und Haushalt und freut sich ehrlich für mich, dass ich eine kleine Auszeit nehme.

Ich trödele niemals, es sei denn, ich nehme es mir vor. Bei meinem Tempo könne man kaum mithalten, werfen mir manche Frauen vor. Die, die ähnlich schnell sind und es genauso machen, sind gute Freundinnen und Geschäftspartnerinnen, manche sogar beides. Und sie haben Kinder.

Mein Job erlaubt es mir oft, mir meine Arbeitszeit einzuteilen. Das bedeutet für mich, häufig zu arbeiten, wenn andere noch schlafen oder schon Pause machen. Mir ist klar, dass dies nicht in jedem Beruf möglich ist. Aber es gehören auch Fleiß und Disziplin dazu, die man einbringen muss. Ich breche nicht den Stab über die, die weder diesen Kraftaufwand auf sich nehmen möchten, noch das Tempo durchhalten. Ich möchte aber klarstellen, dass es möglich ist. Zu welchem Preis, muss jede Frau für sich selbst entscheiden. Ich verzichte auf vieles, um meine wichtigsten Lebenssäulen zu bewahren: meine Ehe, meine Kinder und meinen Beruf.

Alles, was Mütter tun, wird von anderen Müttern auf die Goldwaage gelegt. Bei berufstätigen Müttern scheint jeder Zug negativ besetzt. Sie stehen ständig unter dem Generalverdacht, die Kinder zu vernachlässigen. Selbstverständlich hat noch bei keinem Fußballspiel meines Sohnes in den letzten Jahren ein Elternteil auf der Tribüne gefehlt. Und natürlich gehen wir zu jeder Schulaufführung und zu jedem Elternabend.

Ich übernehme viele ehrenamtliche Aufgaben, auch wenn es bedeutet, Samstagmorgen früh aufzustehen, um Laugenbrezeln für das Fußballturnier zu backen, wenn ich in der Nacht erst nach Mitternacht von einer Veranstaltung zurückgekehrt bin. Natürlich bin ich Lesemutter in der Schule, auch wenn es bedeutet, dass ich die Stunde abends, wenn die Kinder im Bett sind, am Schreibtisch nachholen muss. Selbstverständlich sitze ich in Vereinsvorständen, deren Sitzungen selten vor Mitternacht enden, obwohl ich danach noch E-Mails beantworten muss und mein Wecker wenige Stunden später klingelt. Ich finde es wichtig, sich zu engagieren. Ich übernehme alle diese Aufgaben. Weil andere es eben nicht tun können und wollen.

Dabei habe ich Hilfe, die Hausfrauen im Allgemeinen nicht haben. Sie leisten eine Arbeit, die viel zu wenig anerkannt ist. Sie sind rund um die Uhr im Einsatz, managen das berühmte kleine Familienunternehmen. Manchen fehlen Mut und der Zuspruch des Mannes, sich Hilfe zu holen und sich wieder mehr sich selbst zu widmen. Ich erkenne die vielen Aufgaben mit Kindern und Alltagsmanagement voll und ganz an. Ich denke, manches kann man ein wenig zeitsparender mit gleichem Engagement leisten, um Zeit übrig zu haben für den Job oder eine berufliche Weiterbildung.

Auch bei uns steht fast immer selbstgekochtes Essen auf dem Tisch. Nur eben erst abends und manchmal auch aufgetaut. Es schmeckt nicht schlechter. Meine Söhne haben großen Spaß am Schälen, Schnippeln, Rühren und Backen. Ich werfe sie nicht aus der Küche, weil sie mir zu Last fallen könnten oder es dreckig werden würde. Im Gegenteil, ich wische hinterher den Boden und freue mich über ihren Spaß am Kochen.

Meine Kinder wussten in den ersten fünf Lebensjahren nicht, was ein Fernseher ist. Auch heute noch ist er so gut wie nie eingeschaltet. Meine Söhne fahren runter, wenn sie nach Hause kommen, indem sie mir ausführlich erzählen, was sie erlebt haben, was sie begeistert und was sie bedrückt. Diese Gespräche setzen wir beim gemeinsamen Essen fort oder auch am Telefon, so ausführlich, wie die Kinder es wünschen. Ich möchte jederzeit über alles im Bilde sein, was sie berührt, begeistert und ängstigt.

Die Rechtfertigung ist allgegenwärtig. Frauen wie ich müssen immer betonen, dass ihr Kind nicht zwangsläufig zu kurz kommt, nur weil die Mutter arbeitet. Und demonstrieren, dass Vereinbarkeit möglich ist, mit Spaß und einem stetigen Lächeln. Denn das Gefühl, dass das Umfeld nur auf eine Schwäche stößt, die der Doppelbelastung geschuldet ist, scheint omnipräsent. Auch Hausfrauen müssen gleichzeitig Kinder und Haushalt versorgen, auch bei ihnen gehört die Aufmerksamkeit nicht 24 Stunden am Tag dem Nachwuchs. Genauso müssen auch die Kinder der Berufstätigen manchmal zurückstehen. Und hier kommt das Geständnis: Ja, der Alltag als 200-Prozent-Frau bringt mich oft an meine Grenzen und manchmal auch darüber hinaus.

Mir war wichtig, in diesem Buch zu zeigen, dass berufstätige Mütter eben nicht spielend leicht alles unter einen Hut bringen. Sondern dass klar ist, wie zermürbend dieser Versuch ist und wie oft er vor dem Aus steht. Die Zerreißprobe, vor der berufstätige Mütter täglich stehen, ist hart. Für dieses Buch haben sie ganz offen erzählt, wie der Spagat machbar ist, wie oft sie an ihre

Grenzen kommen und was man gegen das schlechte Gewissen tun kann.

Dieses Buch soll Mut machen, sich als Paar den Alltag mit Familie und Beruf zu teilen. Das alte Sprichwort von geteiltem Leid und auch geteilter Freude ist mehr als wahr. Mein Mann und ich haben oft mehr Stunden mit unseren Kindern verbracht als Paare, bei denen er Vollzeit arbeitet und sie zu Hause ist. Und das genießen wir.

Alle müssen umdenken, offener sein und neue Wege einschlagen. Frauen und Männer sind unterschiedlich. Zum Glück! Das muss auch Auswirkung haben dürfen auf den Umgang mit den Kindern, in Krabbelgruppen und Müttertreffs.

Warum gibt es immer noch überwiegend Geburtsvorbereitungskurse für Frauen mit ein bis zwei »Partnerabenden«, an denen die Männer zu Besuch kommen und vielleicht mit Farbe ein lustiges Gesicht auf den Bauch der Gattin malen dürfen?

Selbstverständlich müssen beide Elternteile frühzeitig auf ihre Rolle vorbereitet und eingebunden werden. Dabei darf aber nicht unter den Tisch fallen, dass sie unterschiedliche Wünsche, Bedürfnisse und Ansprüche haben. Menschen sind nicht alle gleich und finden sich gegenseitig toll, nur wegen der einen Gemeinsamkeit, dass sie Nachwuchs haben.

Christian beschrieb mir vor Kurzem die zwölf Paare in seinem Geburtsvorbereitungskurs. Kein einziges davon wollte er wiedersehen. Prognostiziert worden war ihm allerdings eine Runde, die sich in Zukunft regelmäßig treffen würde, weil alle in der gleichen Lebenssituation seien. Christian und seine Partnerin wollen Informationen, Hirn und Herz. Sie wollen sich nicht verbrüdern. Sie sind nicht rund um die Uhr beseelt, sondern denken auch ganz rational, sie wägen auch die anderen Bereiche ihres Lebens ab: Beruf, Freunde, Bildung. Das muss erlaubt sein und selbstverständlich werden. »Kinder sind ein Teil des Lebens – aber eben nur ein Teil«, sagt eine berufstätige Mutter in diesem Buch. Man muss auch andere Themen in seinem Kopf zulassen und sich mit anderen Leidenschaften beschäftigen.

Wichtig ist es für Frauen von heute, ihre Berufung, ihre Wünsche, ihre Ziele nicht einfach aufzugeben. Unabhängigkeit steht und fällt mit einem Partner, der mitzieht. Das gilt es, früh vor einer festen Bindung zu klären. Wie viele Frauen denken, dass sich ihr Märchenprinz nach der Hochzeit noch wandeln wird? Wie viele denken, wenn erst einmal ein Kind geboren ist, würden sie den Gatten schon dazu bekommen, viele Aufgaben in Haushalt und Erziehung zu übernehmen?

Die Realität ist, dass Frauen noch nicht einmal Halbtagsjobs annehmen können, weil der Mann Punkt zwölf Uhr mittags ein frischgekochtes Essen auf dem Tisch haben möchte. Realität ist, dass Männer ihren Frauen Arbeit nur unter der Bedingung »erlauben«, dass sie sicherstellen, dass das Kind nicht »fremdbetreut« wird. Realität ist, dass Frauen, die von ihren Männern finanziell abhängig sind, kein Geld für eine Tagesmutter »zugeteilt« bekommen.

Das aktuelle Unterhaltsrecht zwingt die Frauen dann endgültig in die Knie, wenn die Ehe scheitert und der Mann schlimmstenfalls eine Affäre mit seiner jüngeren, karriereorientierten, selbstbewussten, unabhängigen Kollegin lebt, die gar nicht daran denkt, wegen eines Kindes zu Hause zu bleiben. Die große Lücke im Lebenslauf macht es der Verlassenen nicht gerade leichter, wieder in die Arbeitswelt einzusteigen. Ein eigener Beruf schützt, wenn es mit dem Partner schiefgeht. Gleichberechtigte Berufstätigkeit ermöglicht dann beiden einen Start in ein neues Leben.

Viele Frauen machen den Fehler, sich aufzuopfern. Sie geben Beruf und Hobbys auf, um ganz für die Kinder da zu sein. Wissenschaftler der University of Mary Washington haben Mütter von kleinen Kindern befragt. Sie fanden heraus, dass gerade die hingebungsvollen Mütter besonders häufig unter Stress litten und über geringe Lebenszufriedenheit klagten. Als psychisch be-

14

sonders gefährdet stellten sich jene Mütter heraus, die sich als der wichtigere Elternteil betrachteten, die Elternschaft als schwere Herausforderung ansahen und der Auffassung waren, dass ihr Leben hinter dem ihrer Kinder zurückstehen müsse.

Beruf und Berufung sind wichtig für eine Frau. Die Vereinbarkeit von Arbeit und Familie ist als Thema noch längst nicht so weit, als dass sie ohne Blessuren lebbar wäre. Man kann Vereinbarkeit aber möglich machen. Man muss diese Art Leben exakt vorbereiten und braucht Organisationstalent, gute Nerven und ein dickes Fell gegen die immer noch tonangebende Rabenmütter-Anklagefront. Gute Planung beginnt mit der Suche nach dem richtigen Mann. Unterstützt er seine Frau bei den gemeinsamen (!) Plänen, beides unter einen Hut zu bringen? Will er sich ebenfalls einbringen? Gibt es gemeinsame Hausarbeit, gemeinsame Erziehungspläne und vor allem die Bereitschaft, sich ein Stück Freiheit für den Beruf und Gemeinsamkeiten als Paar zu finanzieren? Sind beide bereit, für eine gewisse Zeit zurückzustecken? Das gern verwendete weibliche Argument »Das Geld, das ich erwirtschafte, geht für die Kinderbetreuung drauf, also lohnt sich Arbeiten nicht« sollte überholt sein. Nicht nur an die nächsten fünf Jahre denken, sondern besser langfristig: Niemand verlangt von Frauen, dass sie zwei Monate nach der Entbindung 80 Stunden pro Woche ackern. Wichtig ist, dass sie schnell wieder mit ein paar Stunden einsteigen und sich während der Babypause zumindest für den Beruf und ihren Arbeitgeber interessieren.

Drei Standardsätze können ein guter Schild sein gegen den Vorwurf, eine Rabenmutter zu sein: Ja, das Kind braucht die Mutter – aber nicht 24 Stunden. Es braucht eine glückliche und ausgeglichene Mutter. Und es braucht einen Vater. Schluss bitte mit der Sorge, Väter seien nur halb so viel wert wie Mütter. Sie müssen ernstgenommen werden als gleichberechtigte und vor allem gleichwertige Bezugsperson. Mütter sollten sich vernetzen und sich gegenseitig helfen, anstatt sich zu bekriegen und sich gegenseitig Lebensmodelle vorzuhalten. Arbeitgeber sollten Frauen flexible Arbeitszeiten und Heimarbeitsplätze anbieten, anstatt über Fachkräftemangel zu jammern. Je mehr Frauen Kinder bekommen, ohne auf den Beruf zu verzichten, und je mehr Väter sich zu Hause einbringen, desto schneller wird das Thema Vereinbarkeit endlich eines, das beide Partner angeht.

Dieses Buch gibt Einblick in die Bedürfnisse der Eltern von heute. Es belegt einerseits die Entwicklung und das Umdenken von Vätern, aber liefert andererseits auch Beispiele dafür, dass die Akzeptanz von arbeitenden Müttern immer noch nicht sehr weit fortgeschritten ist.

Viele Unternehmen haben schon verstanden, dass dem Gejammer über Fachkräftemangel ein Umdenken folgen muss: Neue Arbeitszeitmodelle sind gefragt, Kinderbetreuungs-Angebote in den Firmen, Heimarbeitsplätze, Unterstützung der Vereinbarkeit von Familie und Beruf.

Aber flexibles Denken ist auch bei den Frauen unerlässlich. Festzustellen, dass der Kindergarten leider nicht die erwünschten Arbeitszeiten abdeckt, kann nicht das Ende eines Dialogs mit einem potenziellen Arbeitgeber sein. Bei manchen Müttern spüre ich eine gewisse Erleichterung, wenn sie erzählen, dass das mit der Stelle nicht klappt, und dann kleinere Organisationsschwierigkeiten als Grund dafür anführen, dass es mit der Rückkehr in den Job schwer ist. Und dann gehen wieder ein paar Jahre Hausfrauendasein ins Land, in denen die Frau weiter Selbstbewusstsein verliert und immer unsicherer wird.

Die Väter in diesem Buch, die bewusst viele Monate in Elternzeit gegangen sind, sprechen übereinstimmend von »Verschwendung«, hätte ihre Frau nach Schulzeit, Ausbildung oder Studium den Riesensack an Bildung und Wissen einfach über Bord geworfen. Ihnen ist klar: Eine ausgeglichene Frau, die Bestätigung auch außerhalb der Familie erfährt, tut sich selbst und dadurch auch Mann und Kindern gut. Aber auch jene Frauen, die Berufe erlernt haben, die nicht gerade zu den Traumjobs gehören, in denen man nicht reich wird, in denen Flexibilität schwerer fällt, sollten versuchen, in Lohn und Brot zu bleiben, um die Eigenständigkeit zu erhalten.

Um es ganz deutlich zu betonen: Ohne meinen Mann wäre mein Leben nicht denkbar. Wir führen eine gleichberechtigte Ehe. Wir lieben unsere Familie und unseren Beruf. Jeder bewundert und respektiert den anderen für seinen großartigen Umgang mit den Kindern und die Erfolge im Job. Wir haben uns immer etwas zu erzählen, wir lernen voneinander, sind einander die wichtigsten Ratgeber und ergänzen uns in der Erziehung unserer Kinder. Wir haben lange, bevor wir konkret in die Familienplanung eingestiegen sind, offen geklärt, wie wir uns ganz konkret die Vereinbarkeit von Familie und Beruf vorstellen. Hätten wir uns nicht geeinigt, hätten wir keine Familie gegründet.

Jasmin, 30, Medieninformatikerin, aus Stuttgart, ist Mutter zweier kleiner Kinder und berufstätig. Sie schrieb mir während meiner Recherchen und machte darauf aufmerksam, dass Raben in Wahrheit liebevolle und hingebungsvolle Eltern seien, besonders in den ersten Lebenswochen, wenn die Kleinen noch völlig hilflos sind. Rabenmütter erziehen ihre Jungen aber früh zur Selbstständigkeit, indem sie sie aus dem Nest »ins kalte Wasser« werfen – sie dabei aber aus dem Hintergrund beobachten und, wo es nötig ist, helfend eingreifen.

In diesem Sinne: Ich wünsche Ihnen von Herzen ein schönes Leben mit Kindern und Beruf!

Antje Diller-Wolff

1

»Kaum Zeit für Kaffee«

Thorsten, 32, Neuenkirchen,
Krankenpfleger in der Notaufnahme
Sohn Jakob, 5
Tochter Marlene, 3

Das erste Mal brach Thorsten mit 17 das traditionelle Rollen-verhalten auf: Er fing eine Krankenpflegeausbildung an, was eine absolute Frauendomäne ist. Er entschied sich also für einen Beruf, der nicht als für echte Männer geeignet galt. Das störte Thorsten aber wenig, stattdessen genoss er sein Dasein als Hahn im Korb, umgeben von zahlreichen netten Kolleginnen. Zu Realschulzeiten hatte er nicht gerade große Chancen bei den Mädchen gehabt. Als sieben von seinen Mitschülerinnen für ein Schulpraktikum ins Krankenhaus gingen, folgte er ihnen nach. Hier fand er seinen Traumberuf. Und seine Traumfrau.

M ein Zuhause zu Beginn meiner Ausbildung war das Marien-haus – ein Schwesternwohnheim. Alle sechs Monate fingen neue Azubis an. Es war Tradition, dass der vorige Kurs für die Neulinge die Zimmer schmückte und mit kleinen Aufmerksam-keiten dekorierte. Meine Bude hatte eine sehr hübsche und kluge angehende Krankenschwester namens Karen vorbereitet.

Dies war der Beginn einer sehr guten Freundschaft. Karen wechselte nach ihrem Examen nach Augsburg in ein größeres Krankenhaus. Als sie weg war, merkten wir beide, wie sehr der andere fehlte. Es war Liebe. Ich zog ihr hinterher.

Über Umwege kamen wir zurück in die Lüneburger Heide, meine Frau stammt von hier und wollte näher bei ihrer Familie sein. Ich fing als Schwangerschaftsvertretung auf der Intensiv-station des Krankenhauses Walsrode an. Ein Jahr später, kurz nach unserer Hochzeit, wurde eine Stelle in der Notaufnahme frei und ich wechselte.

Zu dieser Zeit hörten wir aus dem Freundeskreis immer wieder von Schwierigkeiten befreundeter Paare, Kinder zu bekommen. Wir waren Mitte 20 und überlegten, dass wir doch schon längere Zeit fest im Berufsleben standen und keine Garantie hätten, dass es bei uns zeitnah mit Kindern klappen könnte. Also probierten wir es – mit baldigem Erfolg.

Uns war von Anfang an klar, dass wir uns beide in die Erziehung einbringen wollten. An meiner Kindheit hat mich gestört, dass mein Vater eigentlich mehr dem Sunshine-Daddy entsprach, wie so häufig in der Generation meiner Eltern. Er kam am frühen Abend kaputt von der Arbeit nach Hause, war müde und hatte nicht mehr genug Elan, um sich konsequent durchzusetzen. Er ließ uns vieles durchgehen, was es bei meiner Mutter nicht gab. Die maßgebliche Erziehung hat dementsprechend meine Mutter übernommen. Ich habe wirklich prima Eltern, aber das Rollenverhalten, so wie sie es gelebt hatten, wollte ich nicht fortführen.

Am 31. Dezember 2005 feierte meine Mutter ihren 50. Geburtstag. Bei stürmischem und miesepetrigem Wetter fuhren wir zum Fest nach Ostfriesland. Als wir ausstiegen, erklärte ich meinen Eltern, dass mich diese Fahrerei echt nervte. Und wenn sie beim nächsten Weihnachten ihren Enkel sehen wollten, müssten sie gefälligst zu uns kommen. Da war der Jubel groß.

Wir freuten uns alle sehr auf den kleinen Jakob. Der Masterplan stand früh fest: Uns war klar, dass wir unsere Kinder nicht in Hannover großziehen wollen, wo wir zu der Zeit noch lebten. Wir wohnten in einem Stadtrandgebiet mit vielen Schlüsselkindern. Wenn wir vom Frühdienst nach Hause kamen, purzelten die Kleinen aus dem Bus, den Wohnungsschlüssel um den Hals. In Großstädten ist es ja noch um einiges anonymer als auf dem Dorf. Jakob ist im September 2006 geboren, im Mai 2007 fanden wir unser Haus auf dem Land.

Während der ersten zwei Jahre blieb meine Frau mit unserem Sohn zu Hause. Ich hatte gerade neu in der Notaufnahme angefangen und arbeitete rund um die Uhr. Es war keine leichte Zeit. Beispielsweise wenn ich mich gerade in der Notaufnahme von Besoffenen anpöbeln lassen musste, als Karen mich anrief, um mir vom ersten Zahn oder den ersten Schritten unseres Sohnes zu erzählen. Ich bekam nicht genug mit von meiner Familie. Dieser Zustand, gepaart mit 24-Stunden-Diensten und vielen Bereitschaftsschichten an Sonn- und Feiertagen, führte dazu, dass beim zweiten Kind ich die Elternzeit übernehmen wollte.

Man kann einfach nicht nachholen, was man versäumt hat. Das Einzige, was ich tun konnte, war das, was wahrscheinlich alle Eltern machen: Hobbys hintenan stellen, alle verfügbare Zeit mit Frau und Kind verbringen und versuchen, möglichst viel mitzuhelfen.

Es ist ganz simpel: Wenn ein Kind unterwegs ist, muss einer zu Hause bleiben und einer muss das Geld verdienen. Abstriche gibt es auch, aber die Frage ist doch nur, wie man Prioritäten neu setzt.

Für mich war Jakob ein unschätzbarer Ausgleich zur Plackerei in der Notaufnahme. Durch die Arbeit hatte ich vieles von seiner Entwicklung nur aus zweiter Hand mitbekommen und das war mir oft zu wenig. Auch wenn ich abends erschlagen war, brauchte ich die wenige Zeit mit ihm und genoss sie sehr.

Ich denke, dass meine Frau gerade beim ersten Kind das schwerere Päckchen zu tragen hatte. Als wir noch keine Kinder hatten, arbeiteten wir gleichberechtigt und hatten dieselben Themen, wir stärkten uns gegenseitig, um die Erlebnisse des Arbeitsalltages zu verarbeiten.

Jakob hatte Drei-Monats-Koliken und die Nächte der ersten Zeit waren wirklich anstrengend. Wir hatten uns bereits vor der Geburt darauf geeinigt, dass derjenige, der arbeiten geht, ausgeschlafen sein muss. So merkwürdig das klingen mag – unterm Strich ist der Arbeitstag ein erholsamer Ausgleich zum Alltag zu Hause.

Da hatte Karen rund um die Uhr die volle Belastung, mit wenig Anerkennung für ihre Leistung. Für die Großeltern war Jakob das erste Enkelkind und sie fragten ständig nach dem Kleinen und nur selten nach dem Zustand der Mutter, die fast auf dem Zahnfleisch ging. Für meine Frau war es schon sehr schwer, sich nur noch über diese Mutterrolle definieren zu lassen und für die Verwandten lediglich Informationsgeberin zu sein.

Später bei Marlene war das anders, davon profitierte ich. Als sie unterwegs war, erwartete die Frau meines großen Bruders ihr erstes Kind und so verteilte sich jetzt die Enkel-Aufregung auf zwei junge Familien.

Jakob war zwei Jahre alt, als Marlene geboren wurde. Schon zu Beginn der Schwangerschaft war klar, dass ich diesmal in Elternzeit gehe, aber wir hatten die Dauer noch nicht festgelegt. Ich war mittlerweile Qualitätskoordinator für die Notaufnahme, mit Früh-, Spät- und Nachtdiensten zusätzlich zur Vollbeschäftigung im Krankenhaus. Der Arbeitsumfang setzte mich unter großen Druck. Außerdem hatte ich noch längst nicht verdaut, wie viel mir bei Jakobs Entwicklung entgangen war. Dazu kam, dass es meinem Schwiegervater gesundheitlich schlecht ging. Meine Schwiegermutter war zwei Jahre zuvor verstorben, also kümmerten wir uns auch um ihn.

Im Sommer 2008 setzten wir uns hin und hielten Familienrat: Karen, die eine leidenschaftliche Krankenschwester ist, wollte gern mehr Stunden arbeiten, als sie derzeit auf 400-Euro-Basis im Krankenhaus übernehmen durfte.

Finanziell rechneten wir durch: Sie hätte nur den Mindestsatz an Elterngeld bekommen, bei mir wären es 67 Prozent des Gehalts meiner Vollzeitstelle gewesen. Geld war nicht das Hauptargument, aber es beeinflusste unsere gemeinsame Entscheidung. Ich wünschte mir zwei Jahre Auszeit.

Ich war 29 und wollte einen Schnitt machen. In Ruhe reflektieren, mich auf unsere Familie besinnen, Zeit und gedanklichen Raum finden, um mir klar zu werden, was ich wollte. Wir wählten bewusst diesen langen Zeitraum. Es wäre auch möglich gewesen, für das halbe Elterngeld die Laufzeit auf das Doppelte auszudehnen. Dann hätte ich für zwei Jahre 33,5 Prozent des Gehalts pro Monat bekommen, allerdings hätte ich nicht nebenher arbeiten dürfen.

Diese Option wollte ich mir aber offen halten. Als Marlene 14 Monate alt war, arbeitete ich in einem Aushilfe-Pool. Man rief mich an, wenn es im Krankenhaus personell eng wurde. Natürlich mussten wir da viel jonglieren und organisieren. Meist übernahm ich Nachtwachen, sobald Karen Feierabend hatte. So blieb ich mit einem Fuß im Beruf und wir hatten noch ein wenig Geld zusätzlich.

Ich übernahm unsere beiden Kinder, als Marlene neun Wochen alt war. Karen ging ganztags arbeiten. Ich fühlte mich gewappnet für meine neuen Aufgaben und die Verantwortung. Natürlich war ich bei Jakob nicht 24 Stunden rund um die Uhr zugegen gewesen, aber ich hatte ihm in seiner Babyzeit selbstverständlich auch die Flasche gegeben, ihn gewickelt und gebadet, sodass ich nicht erst eingearbeitet werden musste.

Ich glaube nicht, dass ich den Alltag so souverän gemeistert hätte, wenn unsere Tochter das erste Kind gewesen wäre und ich nicht schon mit ihrem großen Bruder geübt hätte. Trotzdem hatte ich nun zwei Kinder gleichzeitig zu handeln, was ich anfangs stark unterschätzt hatte. Nachdem Jakob die Drei-Monats-Koliken überstanden hatte, war er, salopp ausgedrückt, ein Selbstläufer. Er schlief früh durch, konnte sich gut selbst beschäftigen und war wirklich pflegeleicht.

Aber zwei Wickelkinder waren eine andere Sache: Marlene neun Wochen alt, Jakob zweieinhalb Jahre. Ich musste dafür sorgen, dass Jakob nicht zu kurz kam, und meine Aufmerksamkeit auf beide Kinder verteilen. Ich verhielt mich so wie wohl die meisten Eltern: Ich versuchte, den großen Kleinen so viel wie möglich mit einzubeziehen. Wenn ich Marlene die Flasche gab, hielt auch Jakob die Flasche, er half mir beim Wickeln und rührte später den Brei um. Er sollte nicht das Gefühl haben, abgeschrieben zu sein.

Zur Kinderversorgung kam nicht nur das berühmte bisschen Haushalt dazu, sondern auch noch Renovierungsarbeiten im

Haus und die Pflege meines Schwiegervaters. Mein Tag begann also mit allen Kinderverrichtungen, eigenem Haushalt und dann Fortsetzung beim Opa, der ein paar Minuten von uns entfernt wohnte. Dann gingen wir für beide Haushalte einkaufen. Das haben wir zwei Monate so durchgezogen, in denen auch Karen abends nach dem Dienst immer noch bei ihrem Vater war.

Ende Januar war uns klar, dass es so nicht weitergehen konnte. Wir haben uns kaum noch gesehen und ich war in meinen Abläufen so eingefahren, dass ich mich fast schon gestört fühlte, wenn meine Frau die Kinder anzog, Essen auf ihre Art und Weise zubereitete oder den Tisch deckte.

Wir wussten, dass wir so nicht weitermachen konnten. Deshalb aktivierten wir die Geschwister meiner Frau, die sich bisher wegen der räumlichen Entfernung mit Unterstützung zurückgehalten hatten. Auf dem Rücken unserer kleinen Familie konnten und wollten wir den ganzen Ballast nicht alleine tragen. Schließlich hatten wir fest vor zusammenzubleiben, wir waren auf Zukunft gepolt, auf unsere Zukunft. Weil wir unsere Überlastung ganz offen angesprochen haben, konnten wir gestärkt gemeinsam weitermachen.

Ich wurde in meinem Alltag als Vollzeit-Vater etwas erleichtert. Wobei ich mich häufiger an die Geschichten meiner Mutter erinnerte, die früher darüber geklagt hatte, dass ihr manchmal die Decke auf den Kopf gefallen sei mit uns Kindern, so lieb sie uns auch hatte.

Ich wuchs als Sandwich-Kind zwischen meinen beiden Brüdern in einem kleinen Kaff in Ostfriesland auf. Ein 180-Seelen-Dorf irgendwo im Nirgendwo, mitten in so einem Moor. Dort war meine Mutter dankbar für die Abwechslung im Alltag, wenn der Postbote vorbeikam und einen kurzen Schnack mit ihr hielt.

Nach der ersten Zeit mit Jakob und Marlene leistete ich Abbitte. Bis dato hatte ich Mutters Schilderung für übertrieben gehalten. Nicht, dass man nicht genug zu tun hätte. Man ist aber schlicht und einfach 24 Stunden rund um die Uhr zu 100 Prozent fremd-bestimmt.

Zeitknappheit zeigte sich mir bei meinem einzigen Laster: Leider hatte ich mir das Rauchen nie ganz abgewöhnen können, wobei ich selbstverständlich niemals im Haus geraucht hätte. In der ersten Elternzeit-Phase fand ich keine Zeit, mit einem Kaffee in der Hand vor die Tür eine Zigarette rauchen zu gehen. Solche Hektik gibt es in der Notaufnahme selbst beim größten Getümmel nicht. Da findet sich nach drei, vier Stunden immer irgendwie ein kurzer Moment für eine Rauchpause.

Als Vater und Hausmann arbeitest du deine täglichen Pflichten ab: Haushalt, Einkaufengehen, Wäsche. Ich finde es aber auch blöd, wenn du mit deinen Kiddies unterwegs bist – damals Marlene im Kinderwagen, Jakob auf diesem Kiddyboard hinten-drauf – und als Vater schiebend und rauchend auftrittst.

Also sah ich meine Chance daheim nach getaner Arbeit: Ich räumte die Einkäufe weg, Marlene schlief, Jakob spielte mit Bau-klötzen. Fast fühlte ich mich am Ziel, das Kaffeepulver war schon in der Maschine. Dann ging ich zur Abwechslung ohne Begleitung noch mal aufs stille Örtchen, kam heraus, die Zigarettenpackung schon im Blick – da trat Jakob in meinen Weg und meldete: »Windel voll.«

Ich ging mit ihm ins Bad, machte ihn frisch, er spielte weiter, ich hatte den Finger am Knopf der Kaffeemaschine – da schlug Marlene im Maxi Cosi die Augen auf: Hunger.

Gerade in der ersten Zeit kommen so viele Sachen zusammen! Ich erinnere mich, dass ich es mitunter nicht einmal schaffte, morgens das Bett aufzuschütteln. Wenn um sechs das erste Kind schreit, schaltest du von null auf 180 und bleibst auf dem Level, bis du abends halb tot ins Bett fällst.

Lustig war, wie Jakob auf den »Führungswechsel« zu Hause reagierte. Als ich noch der berufstätige Elternteil war, nahm er mich als Besonderheit wahr, Mama dagegen gehörte zum Alltag.

Zwei Wochen nachdem Karen wieder täglich zur Arbeit fuhr, war ihr Nachhausekommen das Highlight und ich war Standard. Nur fair!

Als ich in Elternzeit ging, wohnten wir noch keine anderthalb Jahre im Ort. Wir kannten die Nachbarschaft kaum, man traf sich beim Einkaufen. Nach und nach erfuhren wir, was und wie die Leute tratschten. Die Blicke hatte ich schon bemerkt, registriert, dass ich ständig unter Beobachtung stand, wenn ich täglich mit meinen beiden Kindern durchs Dorf schob.

Es waren aber eher mitleidige Blicke. Hätte ich den Leuten erzählt, ich sei gerade frisch verwitwet oder meine Frau hätte uns verlassen, dann wäre mir das sofort geglaubt worden. Aus welchem anderen Grund sollte ein Mann den kompletten Tag mit seinen zwei Kindern verbringen?

Andere Vermutungen gingen in Richtung Arbeitslosigkeit oder Krankheit. Die Nachbarn rechneten wöchentlich mit unserem Auszug aus dem Haus – wegen irgendeines Schicksalsschlags. Viele Nachbarn waren deutlich über 60 und das alte Rollendenken entsprach diesen Interpretationen.

Mittwochvormittags habe ich mit den Kindern einige Male eine Krabbelgruppe besucht. Besonders wohlgefühlt habe ich mich in der Gemeinschaft nicht. Als einziger Mann wirkte ich dann doch eher bedrohlich auf die anderen Mütter, mit denen nur kurze, eher oberflächliche Gespräche möglich waren.

Außerdem fand ich es anstrengend, dass sich fast eine Art Wettbewerb unter den Frauen entwickelte, welches Kind wann welche Entwicklungsschritte machte. Das eine Kind, das acht Wochen jünger war, hatte doch tatsächlich schon zwei Zähne mehr als das andere. Das war nicht meine Welt!

Nur über die Kinder definiert zu werden konnte und wollte ich nicht lange aushalten. Es gibt auch noch viele andere Sachen, die mich interessieren, sei es der Beruf, die Musik, Hobbys. Aber nichts davon war von den Frauen als Thema gewünscht.

Vielleicht ist es der Historie oder der Evolution geschuldet, dass Frauen sich viel eher auf dieses monothematische Feld einlassen können, wobei es sich wirklich nur um die Kinder dreht. Frauen, die sehr früh aus dem Beruf ausgestiegen sind, um ganz für ihre Kinder da zu sein, mangelt es oft an anderen Themen. Woher sollen die auch kommen?

Theoretisch wäre es möglich, Radio zu hören, kurz in eine Zeitung zu schauen oder im Internet Schlagzeilen zu überfliegen, um einfach grob mitzubekommen, was in der Welt los ist. Ein klitzekleines Tor zur Außenwelt muss schon noch da sein. Ich hätte nicht darauf verzichten können.

In der ersten Phase der Elternzeit fiel es mir besonders schwer, so absolut fremdbestimmt zu sein, kaum Zeit für mich zu haben beziehungsweise nur dann, wenn meine Frau zu Hause war.

Unser Vorteil als Paar war sicherlich, dass wir beide den beruflichen Alltag des anderen und auch den Ablauf mit Baby sehr genau kannten und daher am Abend den gegenseitigen Schilderungen der Erlebnisse gut folgen konnten.

Wir kennen andere Paare, bei denen er 14 Stunden am Tag arbeitet und sie ihm, kaum, dass er die Tür aufgeschlossen hat, das Kind in die Hand drückt und sagt: »Hier, nimm, ich kann nicht mehr.«

Bei uns war es anders: Ich weiß, dass die Arbeit einen so schaffen kann, dass man auch nach einer halben Stunde Autofahrt zu Hause den Kopf noch nicht frei hat. Da hilft es, als Hausmann-Vater das Kind noch zehn Minuten zurückzuhalten und erst dann auf die Mutter loszulassen. Andersherum sah meine Frau abends auf den ersten Blick, was ich für einen Tag hinter mir hatte. Dann schlug sie schon beim Reinkommen vor, ich solle mal gleich mit einem Kaffee vor die Tür gehen. Alleine.

Das Schönste an der Vaterzeit war es für mich, die Entwicklungsschritte beider Kinder aus erster Hand beobachten zu können. Auch wenn ich mich nicht großartig in Krabbelgruppen ausgetauscht habe – auch für mich war es natürlich schon toll zu erleben, wie sich Marlene das erste Mal auf den Bauch drehte oder Jakob neue Wörter entdeckte.

Live dabei zu sein und der Erste zu sein, der etwas Neues am eigenen Kind wahrnimmt, ist der absolute Hammer. In diesen Momenten der Erste sein zu dürfen, der die neue Fähigkeit erkennt, der Erste, der sich über einen Erfolg des Kindes freut – das war sensationell!

2

»Kinder sind ein Teil des Lebens – aber eben nur ein Teil«

*Silke, 42, Fürth, Diplom-Übersetzerin
Sohn Martin, 12
Tochter Rabea, 7*

Manchmal kommt es hoch, schleichend, wiederkehrend – das schlechte Gewissen. Wenn sich Probleme häufen, wenn Andeutungen aus dem Umfeld wie Blei auf der Goldwaage liegen. Dann fragt sich Silke, ob der Anflug von Faulheit bei ihrem Sohn darauf zurückzuführen ist, dass sie nicht rund um die Uhr bereitsteht. Oder ob die Tochter zu wenig schläft, weil die Mutter erst abends um acht zum Lesen kommt.

Schon ein kleiner Hinweis der Lehrerin genügt, dass Silke gern mal eine unruhige Nacht hat. Die Abhängigkeit vom Urteil anderer Leute macht die Selbstständige manchmal sprachlos. So auch die gut gemeinten Ratschläge, sich mehr um ihren Mann zu kümmern, weil eine Beziehung so viel Berufstätigkeit nicht aushalte. Und überhaupt: Wer kümmert sich eigentlich um Mann und Kinder, wenn Silke nicht zu Hause ist? So dick kann Silkes Fell niemals werden, dass sie die Außenwelt einfach ignoriert. Das weiß sie auch selbst.

Weil ich in den neuen Bundesländern geprägt wurde, war es für mich selbstverständlich, dass ich mein Studium beende und dann auch in diesem Beruf arbeiten möchte. Es stand außer Frage, daneben ebenfalls Familie und Kinder zu haben. Zu keinem Zeitpunkt kam ich auf die Idee, dass das eine das andere ausbremst.

Allerdings war mir schon klar, dass ich die Kombination gut organisieren muss. Als meine Kollegin zwei Monate vor mir schwanger wurde, überlegte ich bereits, wie ich an ihrer Stelle agieren würde. Obwohl es bei mir noch gar nicht akut war, informierte ich mich bereits in meiner Umgebung über Krippen und Tagesmütter. Meine Kollegin war völlig anders, sie, die tatsächlich in Kürze Mutter sein würde, kümmerte sich nicht um eine Betreuung. Sie wollte zu Hause bleiben.

Ich fand heraus, dass es mit Krippenplätzen schlecht aussah und die einzige Alternative eine Tagesmutter sein würde. Eine gute zu finden war schwer genug, weshalb man die Suche am besten noch vor der Empfängnis startete. Kaum war ich schwanger, suchte ich Rat bei einer Bekannten, die schon ein kleines Kind hatte und mir eine Tagesmutter empfahl. Glücklicherweise war das ein guter Tipp. Ich mochte sie und konnte mir vorstellen, ihr mein Baby anzuvertrauen. Ich meldete Martin an, noch bevor er überhaupt auf der Welt war.

Nach drei, vier Monaten plante ich, ihn langsam an die Betreuung zu gewöhnen. So glücklich ich als Mutter war, ich vermisste meine Arbeit und nach ein paar Wochen wollte ich gern raus und meinen Kopf wieder einmal anders anstrengen. Auf diese zwei Tage, die Martin bei der Tagesmutter war, habe ich mich gefreut und die Trennung für die wenigen Stunden war für ihn kein Problem. Dazu kam, dass ich extreme Schwierigkeiten mit dem Stillen hatte. Ich war davon ausgegangen, dass ich ein Baby bekomme und es dann ohne Probleme stillen würde. Punkt. Meine Vorstellungen waren die, dass jede Mutter stillen kann. Bei mir floss die Milch ohne Unterlass und nach ein paar Tagen war meine Brust extrem demoliert, es blutete aus Rissen, ich hatte Schmerzen. Ich versuchte, alle Tipps, die ich reihenweise bekam, zu befolgen, doch es wurde immer schlimmer, mein Kreislauf machte nicht mehr mit und ich kippte um.

Das hat mich psychisch sehr belastet und ich musste einfach mal aus diesem Kreislauf raus. Ich wollte unter meinen Kolleginnen sein, nicht mehr nur Fütterungsstation für mein Kind. Nach zwei Monaten stillte ich auf Rat der Ärzte schließlich ab. Meinem Mann sagte ich, ich könne nun füttern, ohne zu weinen. Mit der Flasche.

Ich konnte es nur schwer ertragen, einer Situation – dem Kind – völlig ausgeliefert zu sein. Ich wollte meine Angelegenheiten selbst in der Hand behalten. Aber alles war jetzt auf das Kind konzentriert. Bei aller Liebe und allem Muttergefühl hat mich diese Umstellung sehr betrübt.

Wir bekamen unsere Kinder noch kurz vor Einführung des Elterngeldes. Mein Mann hatte viel Urlaub aufgespart und konnte daher acht Wochen zu Hause sein. Ohne seine mentale Unterstützung hätte ich kaum durchgehalten.

Zusätzlich bekam ich Druck von meiner Kollegin, die kurz vor mir entbunden hatte. Sie versuchte, mich immer wieder in ihre Krabbelgruppe einzubinden. Die Frauen machten Babymassage und fanden das als Tagesinhalt ausreichend. Mir war es aber nicht genug, von morgens bis abends nur über die Kinder zu reden. Die anderen Mütter gingen in ihrem Muttersein auf, ich nicht. Teilweise habe ich es als anstrengend empfunden, ihnen ständig zuhören zu müssen, auch bei der Rückbildung. Ich habe mich nie ganz dazugehörig gefühlt, geistig war ich schon längst bei anderen Sachen.

Andere soziale Kontakte hatte ich in der Zeit kaum, also begab ich mich gezielt auf die Suche und nahm Kontakt zum Verband berufstätiger Mütter auf. Da wimmelte es von Frauen im Beruf mit Kind. Von solchen, wie ich eine war. Wir sprachen auch über Kinder, aber anders. Wir hatten den Vernetzungsgedanken: Wo kriege ich einen kompetenten Babysitter her, wo sind noch freie Betreuungsplätze, bei welchem Kinderarzt muss man nicht vier Stunden warten? Das Hauptproblem aller berufstätigen Mütter hatten wir gemeinsam: Viele Kurse für kleine Kinder finden vormittags statt. Wo also würde ich einen Babyschwimmkurs an einem Samstagvormittag finden? Oder Kinderturnen am Freitag spätnachmittags und nicht dienstags um 14 Uhr? Außerdem tauschten wir uns darüber aus, wie wir uns organisieren, wenn das Kind krank ist, wie die Väter eingebunden werden, welche Diskussionen mit Mann, Freunden und Arbeitgeber man am klügsten führt.

Viele der berufstätigen Mütter hatten Ehemänner, die irgendwann abends nach Hause kamen und ein bisschen mit dem Kind spielten. Aber die wahnsinnig komplizierte Organisation und Durchführung von Hinbringen, Abholen, Arztterminen, Arbeit, Hinbringen, Abholen war meist uns Frauen überlassen. Bis ich auf diese berufstätigen Mütter traf, war ich fast überall auf Verständnislosigkeit gestoßen: Ich wurde gefragt, ob es mir nicht leidtäte, das Kind wegzugeben. Wegzugeben? – Ich bin nie auf die Idee gekommen, mein Kind wegzugeben.

Zusätzlich schlug mir immer wieder das Wort »Karriere« entgegen wie eine Peitsche. Wenn ich wirklich eine Karriere angestrebt hätte, dann hätte ich einen anderen Weg einschlagen müssen. Ich wollte doch nur berufstätig bleiben. Und das, was ich bisher gemacht hatte, fortführen. Und mich auf meine Kinder freuen, wenn ich nach Hause komme. Mein Mann stand absolut hinter mir und meiner Berufstätigkeit. Aber auch er musste sich daran gewöhnen, dass er das Haus nicht mehr morgens um halb acht mit unbekannter Rückkehrzeit verlassen konnte. Bisher wurde es bei ihm oft 22 Uhr.

Ich musste mir tatsächlich hart erkämpfen, dass er an bestimmten Tagen für manche Touren und die Kinder zuständig war. Er hatte es sich zwar unmittelbar nach unserer Absprache im Kalender eingetragen, aber trotzdem musste ich ihn daran erinnern und es immer wieder einfordern, bis die Termine der Kinder auch zu seinem Alltag gehörten.

Ich konnte nicht anders, als mir den Stress und die Belastung anzutun, weil das Leben mit Kind und ohne Beruf meinen Untergang bedeutet hätte, so brutal es klingt. Mir würde es emotional sehr schlecht gehen und darunter würden schließlich auch die Kinder und unsere ganze Familie leiden.

Ich habe die Kinder nicht gekriegt, um 24 Stunden mit ihnen zusammen zu sein. Und ich habe sie auch nicht nur für mich bekommen. Letzte Woche ist meine Tochter ins Schullandheim gefahren. Viele Mütter standen am Bus und trauerten. Es schien, als wüssten sie gar nicht, worum sie sich jetzt kümmern sollten. Doch keines der fünf- bis siebenjährigen Kinder hatte Heimweh und natürlich sind sie alle gern zurückgekommen. Man erzieht Kinder nicht in jeder Minute ihres Lebens, es gehört auch dazu, dass man ein bisschen loslässt, damit sie sich zusammen mit anderen Bezugspersonen entwickeln können. Mir waren feste

Rituale, Abläufe und Zuständigkeiten wichtig. Bei uns gab es nie ständig wechselndes Betreuungspersonal. Wir hatten in all den Jahren die Großeltern, eine Tagesmutter und zwei Babysitter.

Unsere Tagesmutter hat immer alle Erwartungen übertroffen. Ich hatte keinen Ersatz für mich besorgt, sondern eine Betreuungsperson, ähnlich wie eine Erzieherin. Ich wollte nicht, dass sie mein Kind so behandelt wie ihr eigenes, sie war zwar liebevoll, aber mit einer gewissen Distanz. Meine Kinder haben den Unterschied zwischen ihren Bezugspersonen immer verstanden.

Für Mütter, die nicht berufstätig sind, ist das schwer nachzuvollziehen. Einer Freundin hat mal eine Mutter gesagt: »Weißt du, ich liebe meine Kinder, deshalb bleibe ich zu Hause.« Frauen stehen sich leider oft gegenseitig im Weg. Dieser Argwohn, das ständige Vergleichen – es gibt doch keinen Nachweis darüber, ob sich das eine oder andere Kind besser oder schlechter entwickelt hat. Man kann ja schlecht nachprüfen, ob es daran liegt, dass die Mutter Hausfrau oder berufstätig war. Männer wie meiner wundern sich zu Recht oft, warum wir Frauen uns so einen Kopf machen, worüber wir nachdenken. Kein Mann käme auf die Idee, sich mit der Frage zu belasten, wer die bessere Mutter ist. Und ab wie vielen Stunden täglicher Abwesenheit der Mutter-Stern sinkt.

Wichtig ist, dass sich die Partner einig sind und sich organisieren. Eine Kollegin hat berichtet, dass ihr Mann bei einer Paartherapie feststellte, wie wenig er von ihren Bedürfnissen wusste und wie wenig ihm klar war, wie sehr sie unter der Hausfrauenrolle litt.

Mein Mann und ich waren uns einig und haben unser Modell vehement verteidigt, auch innerhalb der Familie. Das Paar muss zusammenstehen, am besten klärt man das früh, noch bevor Kinder da sind.

Auch Männer müssen sich erst an die neue Situation gewöhnen und sich entwickeln, sich umstellen und darüber bewusst werden, dass sie Väter sind. Und dass sie nicht nur ab und zu, sondern jeden Tag Verantwortung tragen. Frauen reißen leider oft alles an sich, sie müssen die Männer aber auch machen lassen, selbst wenn es dann manchmal anders wird, als von der Frau vorgesehen.

Ich habe meine Tochter einmal von der Tagesmutter abgeholt und ihre Kleidung war zu groß und passte farblich nicht zusammen. Aber sie hat es überlebt. Ein anderes Mal war ich den ganzen Tag weg und mein Mann ging mit Kind und Opa in den Tiergarten. Natürlich hat er alles vergessen, was man üblicherweise mitnimmt. Notfalls schenkt ihm ja irgendeiner eine Windel oder sie kriegen irgendwo etwas zu trinken für die Kinder. Es geht.

Ich war ein Einzelkind und fand das schrecklich. Deswegen wollte ich unbedingt noch ein Mädchen. Ich hatte das Gefühl, da fehlt noch was, wir sind noch nicht komplett. Beim zweiten Kind ist man routinierter, nimmt vieles gelassener und ist ruhiger.

Ich habe von Anfang an gleich wieder alles geplant und eingeteilt, wer was zu tun hat. Dass man so gut strukturiert und organisiert ist, wird einem ja ebenfalls häufig vorgeworfen. Planen, planen, planen – warum muss man immer so viel planen? Die armen Kinder seien doch dann so gestresst. Es gibt trotzdem Freiräume, schon damit man auf unvorhergesehene Ereignisse reagieren kann. Ich brauche das so und ich merke, dass den Kindern diese festen Strukturen und Abläufe guttun. Natürlich gibt es auch manchmal Zoff, aber im Großen und Ganzen wissen sie immer, wo es langgeht.

An meine Grenzen kam ich allerdings, als mein Mann sich gezwungenermaßen ebenfalls selbstständig machte. Er war in der Woche kaum zu Hause und ich saß abends heulend da und zweifelte daran, alles zu schaffen. Von morgens bis abends war alles minutiös durchorganisiert, es durfte nichts dazwischenkommen. Da war ich kurz davor, meine Selbstständigkeit hinzuschmeißen, mein Büro zu schließen. Aber mein Mann schlug vor, lieber noch mehr Hilfe von außen zu holen, die mich stärker entlastete. Er wusste, wie wichtig mir meine Arbeit ist, und auch die

Kinder zeigten meistens Verständnis. Sie haben in all den Jahren nie von mir gefordert, mehr zu Hause zu sein.

Manchmal saß ich aber auch am Schreibtisch und das schlechte Gewissen lastete schwer auf mir, wenn ich länger brauchte als gedacht und die Arbeit nicht rechtzeitig fertig wurde. Dann griff ich zum Hörer, um zu erklären, um mich zu rechtfertigen. Mehr als einmal wunderten sich Mann und Kinder über meine Sorgen und sie beruhigten mich.

Ich hatte nie das Gefühl, bei der Entwicklung der Kinder etwas verpasst zu haben. Abends erzählten sie mir von ihrem Tag. Und die Tagesmutter berichtete mir minutiös von den Erlebnissen, Fortschritten, Schwierigkeiten und Freuden während der Stunden ohne mich. Martin war zwei Tage in der Woche bei der Tagesmutter und Rabea später drei. Zusätzlich habe ich mir einen Tag für mich selbst genommen, an dem ich in aller Ruhe Termine machen und einkaufen gehen konnte. Und tatsächlich nehme ich mir auch das Recht auf Hobbys wie Bauchtanz.

Dass ich heute nicht mehr ständig gefragt werde, warum ich so lebe und wie ich das alles unter einen Hut bekomme, liegt daran, dass ich mir ein anderes Umfeld gesucht habe. Die Freundinnen und die guten Bekannten, die ich jetzt habe, sind ebenfalls berufstätige Mütter mit zwei oder drei Kindern, mit Krippen- oder Hortplätzen oder privater Kinderbetreuung. Es ergibt sich automatisch, dass man sich Gleichgesinnte sucht. Alle anderen rauben einem zu viel Kraft.

Man darf durchaus noch andere Bedürfnisse neben den Kindern haben. Sie sind ein Teil des Lebens, aber eben nur ein Teil. Mein Mann und ich haben irgendwann angefangen, ein paar Wochenenden im Jahr für uns zu reservieren. Begonnen haben wir mit einem Tag und dann aufgestockt, als wir merkten, dass die Kinder keinen Abschiedsschmerz verspürten. Sie freuten sich, wenn wir wieder da waren, aber sie trauerten uns nicht nach, wenn wir sie für kurze Zeit verließen.

Eine gute Rabenmutter braucht viel Kraft und vor allem Ignoranz – besonders gegenüber der Müttermafia oder denen, die alles besser wissen. Das Aufopfern für die Familie ist nicht gut. Dieses Opfer ist nicht das, was die Kinder wirklich wollen und was ihnen guttut. Alles, was man tut, sollte man überwiegend gern tun. Für mich gehört dazu, dass ich auch etwas mache, was nur mir gehört, wo ich selbst entscheiden kann, wobei ich mich entfalten kann. Die Energie, die ich daraus ziehe, bringe ich dann wieder mit nach Hause und gebe sie an meine Kinder weiter.

Wie schlimm ist es, den Kindern später vorzuhalten, dass man sich für sie aufgeopfert hat, und ihnen mangelnde Dankbarkeit vorzuwerfen! Wie traurig ist es, wenn aufgrund des neuen Scheidungsrechts Frauen völlig vom Mann abhängig sind, weil sie sich ihre berufliche Eigenständigkeit nicht erhalten haben! Es ist gefährlich, sich auf den Verdienst des Mannes zu verlassen. Schwierig wird es allerdings dann, wenn man nicht gern arbeitet, manche haben ja auch unerfreuliche Jobs. Ich denke, mit kleinem zeitlichen Aufwand könnte man sich eine Tätigkeit suchen, die Spaß macht, einfach, um drinzubleiben.

Mein Mann wird übrigens nie gefragt, wer sich um seine Frau und seine Kinder kümmert, während er im Büro ist. Im Gegenteil – ihm wird oft genug vorgehalten, dass er sich mit 60 bis 70 Stunden Arbeitseinsatz zu wenig um die Firma und zu viel um seine Familie kümmert. Seit ich selbstständig bin, arbeiten wir ungefähr gleich viele Stunden. Mein Mann hat es seitdem in seinem beruflichen Umfeld schwerer, da seine männlichen Geschäftspartner und Kollegen die Gleichberechtigung in der Beziehung nicht nachvollziehen können und möchten. Ganz offen vertritt er den Standpunkt, dass nun endlich ich an der Reihe bin, denn in den Jahren, als die Kinder noch ganz klein waren, gab es diese Gleichberechtigung nicht wirklich, obwohl wir sie immer angestrebt haben. Weil er sich mehr für die Familie engagieren möchte, wird er schief angeschaut. Bei mir ist das Gegenteil der

Fall. Obwohl ich immer noch den Hauptteil für die Familie leiste, wird mir unterstellt, zu wenig für die Kinder da zu sein und zu tun.

In den letzten drei Jahren meiner Selbstständigkeit gab es immer wieder auch harte Zeiten, in denen mich die Zerrissenheit zermürbte, in denen ich Nächte durcharbeitete, erschöpft war, manchmal mutlos. Die Freude überwog aber trotz allem.

Die Kinder haben meine berufliche Entwicklung miterlebt, von der Planung bis zur Umsetzung. Sie haben mich in den Arm genommen, wenn ich geheult habe, und sich mit mir gefreut, wenn ich Erfolge hatte. Sie haben gemerkt, wenn es richtig brenzlig war, und mich dann immer sehr unterstützt. Diese Zeit hat die Kinder geprägt und prägt sie noch, sie lässt sie reifen und selbstständiger werden und lehrt sie viel. Sie sind trotz der viel geschmähten Fremdbetreuung oft mit mir zusammen. Neben Urlaub und Ausflügen gibt es auch oft Gemeinsamkeiten außerhalb der Freizeit, wenn wir gemeinsam im Haus oder auch im Büro arbeiten. Unsere Kinder wissen, dass ihren Eltern die Arbeit Spaß macht und sie mit Leib und Seele dabei sind. Wir hoffen, dass auch sie eines Tages einen Job haben werden, in dem sie so aufgehen.

Uns berufstätigen Müttern wird oft Egoismus vorgeworfen. Es gibt zwischen mir und »Nur-Müttern« kaum Unterschiede, was die Kinder angeht. Ich mache all die Dinge, die andere Mütter auch tun – nur eben zusätzlich zu meiner Berufstätigkeit. Auch »Nur-Mütter« sind nicht immer für ihre Kinder da, sondern sie haben viele Pflichten und Arbeit zu Hause und nehmen sich zum Glück auch manchmal ihre Freiheiten.

Unseren Kindern geht es gut – sie werden umsorgt, versorgt, bekommen Aufmerksamkeit, Erziehung und viel Liebe. Auch wenn sie ab und zu von einer anderen Person betreut werden – wir Eltern sind zuständig und verantwortlich für alles, was mit unseren Kindern passiert. Eine wunderschöne Aufgabe, die ich von Herzen gern wahrnehme. Auch und gerade als berufstätige Mutter.

3

Vollzeitvater als Beruf

Guido, 35, Neuss, Tagesvater
Sohn Piet, 11 Monate

»Wer weniger Geld verdient, bleibt zu Hause.« Ein Satz, den häufig Männer leicht dahersagen, wohl wissend, dass es nicht sie betreffen wird. In Guidos Fall war das anders: Er war sich schon vor der Familienplanung darüber im Klaren, dass er gemeint sein würde, sobald sich Nachwuchs ankündigte.

»Ich hatte eine Wochenbett-Depression«, sagt Guido über die ersten Wochen nach der Geburt seines Sohnes. Die konnte er überwinden und ist heute 24 Stunden am Tag Vater. Sowohl privat als auch beruflich.

Meine Frau und ich waren noch sehr jung und standen erst am Anfang unserer Karrieren und unserer Beziehung, als wir Klartext redeten. Wir hatten uns in der Ausbildung zum Groß- und Außenhandelskaufmann beziehungsweise -frau kennengelernt. Im zweiten Lehrjahr, vor 14 Jahren, wurde aus uns ein Paar.

Meine Frau ging danach in die Wirtschaft, ich machte mich mit einem Foto-Fachgeschäft selbstständig, arbeitete als Kaufmann und Fotograf.

Die Fotobranche hat sich durch die digitale Technik seither massiv gewandelt, eigentlich konnten nur die Geschäfte überleben, denen es gelang, viele Geräte zu verkaufen. Nach sieben Jahren mit 80-Stunden-Wochen ohne freien Tag hatte ich die Nase voll. Also arbeitete ich für die Industrie als freiberuflicher Verkaufstrainer für digitale Kameras. Damals kannte sich kaum jemand damit aus. Ich habe gut verdient, die geistige Herausforderung war jedoch begrenzt.

Das Kaufmännische fehlte mir noch und so nahm ich für ein, zwei Tage die Woche zusätzlich einen Bürojob in einer kleinen Garagenfirma an. Schnell übertrug man mir auch Verantwortung für den Import, dann noch für den Einkauf. Und für meine beiden Auftraggeber arbeitete ich bald wieder sieben Tage die Woche. Im Januar 2007 gab ich dann meine freiberufliche Tätigkeit auf und wurde Produktmanager einer Firma, die ferngesteuerte Hubschrauber vertrieb.

Meine Frau verdiente längst mehr als ich, sie hatte einen perfekten Lebenslauf, war bienenfleißig und schloss nebenher noch ein Abendstudium ab, was ich ebenfalls begonnen, aber nie zu Ende gebracht habe.

Sie war 33, ich ein Jahr älter, als sie mit Piet schwanger wurde. Wir sprachen erneut über die weitere Planung. Sie wäre gern zu Hause geblieben, aber wirtschaftlich wäre das kompletter Nonsens gewesen. Ich war mit meinem Gehalt immer zufrieden. Ich mochte auch meine Tätigkeit. Aber meine Frau brachte jeden Monat fast schon das Doppelte nach Hause. Dazu kam das Risiko, dass ich jederzeit meinen Job hätte verlieren können, wenn die Firma geschlossen worden wäre. Mein Lebenslauf war in Ordnung, aber nicht besonders erfolgreich und ehemalige Selbstständige sind auch nicht erste Wahl bei der Stellenbewerbung. Meine Frau kriegt jederzeit einen Job, sie ist top qualifiziert, hat super Zeugnisse und sie würde vermutlich nicht länger als vier Wochen suchen müssen.

Die Aufgaben in unserem Haushalt hatten wir immer schon aufgeteilt: Küche und Badezimmer waren zum Beispiel mein Gebiet, meine Frau kümmerte sich um die Böden, Fenster putzten wir meistens zusammen. Mir war klar, dass die Hausarbeit mit einem Kind noch mal einen Tick anspruchsvoller und stressiger werden würde, aber dem habe ich entspannt entgegengesehen.

Ich hatte mir vorgestellt, dass ich in dem Jahr, in dem ich zu Hause blieb, ein bisschen zur Ruhe kommen könnte. Ich stellte mir vor, die Elternzeit auch dazu zu nutzen, mich beruflich in Ruhe neu zu orientieren. Aber es kommt ja immer anders, als man denkt.

Als unser Sohn geboren war, hatte ich überhaupt keine Zeit mehr für mich, weil er sie fast ganz für sich beanspruchte. Die Firma, für die ich tätig war, machte tatsächlich zu, sodass die Suche nach einem neuen Job viel dringender wurde. Das veränderte auch die Qualität der Jobsuche. Wenn man keinen sicheren Hafen hat, zu dem man zurückkehren kann, muss man neue Wege beschreiten. Ich habe durchaus Topangebote bekommen, weiterhin in der Branche zu arbeiten.

Aber bei der Recherche, was eine private Kinderbetreuung bei uns in Neuss kostet, hörte der Spaß für mich auf. Hier müssen die Eltern gehörig zuschießen, auf dem Papier ist der Maximalsatz 440 Euro, den müssten wir zahlen. Schon ab einem mittleren Einkommen befindet man sich in der obersten Kategorie, dazu kommt noch Essengeld, was offiziell eigentlich im Beitrag enthalten sein müsste, sowie ein üblicher Aufschlag, der direkt an die Tageseltern zu zahlen ist. Da kann ein Platz bei einer Tagespflegestelle schnell 700 Euro kosten, wenn man eine Betreuung mit 40 plus x Stunden benötigt. U3-Plätze sind zudem rar gesät, die Wahrscheinlichkeit, einen zu bekommen, ist gering und die Plätze werden bei uns im Ort praktisch nur an Geschwisterkinder vergeben. Eine Tagesmutter kam für meine Frau nicht infrage, sie wünschte sich eher eine Gruppenbetreuung und wollte nicht, dass eine weitere Person in enger Bindung zu unserem Sohn stand.

Einen Platz in einer privaten Kita in Düsseldorf bekommen Sie leicht, wenn Sie rund 1200 Euro mitbringen. Wir konnten uns in unserer Planung aber nicht darauf verlassen, einen Platz in einem städtischen Kindergarten zu erhalten. Deswegen haben wir uns gar nicht erst darum bemüht. Ich überlegte, meine Erziehungszeit zu verlängern, insgesamt drei Jahre zu Hause zu bleiben und ein paar Euro nebenher zu verdienen, um meine Privatkosten selbst tragen zu können.

Zu der Zeit suchte einer unserer Freunde mit zwei Kindern händeringend eine Tagesmutter. Er klagte uns sein Leid und erzählte, dass es Tagesväter offensichtlich gar nicht gäbe. Er fand die Frage, ob ich mir so eine Tätigkeit vorstellen könnte, wohl eher witzig. Ich fing aber an, die Idee weiterzuentwickeln. Ich informierte mich über die Fortbildung zum Tagesvater und trat sie dann tatsächlich an. Ein Jahr lang musste ich lernen. Jetzt bekomme ich die Pflegeerlaubnis.

Unser Umfeld war verdutzt. Ich war nie der Typ, der sich vor lauter Begeisterung auf jedes Kind stürzt. Bevor Piet geboren wurde, haben mich Kinder absolut nicht interessiert. Ich versuche, die Dinge relativ nüchtern zu sehen. Natürlich macht mir das Zusammensein mit meinem Sohn sehr viel Freude und auch mit anderen Kindern werde ich mit Sicherheit Spaß haben. Das kenne ich aus diversen Eltern-Kind-Gruppen. Aber Vatersein ist ein nicht zu unterschätzender 70-Stunden-Job. Früher hatte ich immer einen zu hohen Blutdruck und schlechte Blutwerte, wie viele Leute, die zu viel Stress ausgesetzt sind. Seit ich zu Hause bin, fühle ich mich topfit. Trotzdem ist es anstrengend mit meinem Sohn.

Mein Interesse an Kindern hat mit der Geburt unseres Sohnes begonnen, was aber längst nicht bei allen Männern so ist. Ich kenne genügend Väter, die möglichst viel Zeit im Büro verbringen, um bloß nicht zu Hause sein zu müssen. So ein Vater wollte ich nie sein, so einen hatte ich selbst. Wer so aufgewachsen ist, möchte eben etwas anders machen als der eigene Vater. Für mich ist das eine entscheidende Motivation.

Die Ausbildung zum Tagesvater oder zur Tagesmutter ist mittlerweile besser als ihr Ruf. Seit 2006 bemüht sich die Regierung, die Ausbildung für die Kindertagespflege zu professionalisieren. Früher fragte man einfach den Nachbarn, ob er mal aufs Kind aufpassen könne. Heute möchte man die Qualifizierung sicherstellen. Auf der anderen Seite braucht man wegen der neuen Gesetze eine große Anzahl neuer Kindertagespflegepersonen. Ich persönlich wäre viel kritischer bei der Auswahl der Leute, die Kinder betreuen sollen. Wenn ich mir angucke, wer neben mir so in den Kursen saß, dann ist das sicher auch berechtigt.

Im ersten Kurs hätte ich vielleicht drei oder vier Personen von 14 Anwesenden mein Kind anvertraut, im zweiten Kurs waren es nur noch zwei. Eine geeignete Kindertagespflegeperson für sein eigenes Baby zu finden ist unendlich schwer. Es muss passen. Jemandem, der nicht mal ein Bilderbuch vorlesen kann, möchte ich meinen Sohn nicht überlassen. Auf der anderen Seite macht mir ein Haushalt, in dem man Staubkörnchen nur theoretisch kennt, ebenfalls Angst. Man muss selbst entscheiden, welche Kriterien einem wichtig sind. Ich war bisher immer der einzige Mann im Kurs, die übliche Männerquote ist eins zu zehn.

Mich hat gestört, dass das Unterrichtsmaterial extrem einseitig ist. Genau genommen verstößt das gegen den Grundsatz der Gleichstellung. In den Dokumenten ist immer nur von der Mutter und von der Tagesmutter die Rede. Aber den Job machen nun mal auch Männer. Ich fühle mich von den Unterrichtsmaterialien überhaupt nicht angesprochen, der pädagogische Inhalt fängt erst im zweiten Kurs an. Um hier in Neuss die Pflegeerlaubnis zu bekommen, muss man aber nur den ersten Kurs besuchen, in dem es vorrangig um Rechte und Pflichten der Pflegeperson geht. Pädagogik kommt dagegen erst im zweiten und dritten Kurs vor.

Wenn man diese zusätzlich absolviert, kann man bundesweit als Kindertagespflegeperson arbeiten und bekommt einen höheren Stundensatz pro Kind. Momentan liegt der aktuelle Satz pro Stunde pro Kind für Zertifizierte bei 4,50 Euro und für nicht Zertifizierte bei vier Euro. Man darf maximal fünf Kinder gleichzeitig betreuen, aber weil das auch von den Räumlichkeiten abhängt, bekomme ich nur eine Erlaubnis für drei, weil ich mit mehr Kindern auf einmal die Treppe nicht überwinden kann.

Am Dienstag kommt die Dame vom Jugendamt und bringt mir die Pflegeerlaubnis. Dann will ich erst einmal mit zwei Kindern starten, um mir am Anfang nicht zu viel zuzumuten und mich nicht zu überfordern. Es soll ja für alle Beteiligten angenehm und gut sein. Die meisten Mütter gehen anfangs nur Teilzeit arbeiten, meist an drei oder vier Tagen, diese Arbeitszeit würde ich dann abdecken.

Ich glaube nicht, dass es mir schwerfallen wird, alle Kinder gleich zu behandeln, ohne meinen Sohn zu bevorzugen. Piet kenne ich in- und auswendig. Bei ihm weiß ich genau, ob er aus Wut brüllt oder ob er sich wirklich wehgetan hat. Dass sich alle drei Kinder gleichzeitig den Kopf verletzen, ist eher unwahrscheinlich. Eins meckert vielleicht, weil das andere Kind meckert, und eins mault, weil es gerade den Schnuller fallen gelassen hat. Das dritte weint, weil es sich wehgetan hat. Als Erstes kommt das Kind mit dem dringendsten Bedürfnis dran, nämlich das, was sich wehgetan hat. Alle anderen werden dann eben warten müssen. So wird das hoffentlich laufen.

Bestimmt werde ich einiges anders machen, als Frauen es tun würden – Haushaltsführung zum Beispiel oder Umgang mit Risiko. Meine Frau rennt viel schneller los, wenn Piet Gefahr läuft, umzufallen oder irgendwas auf den Kopf zu kriegen. Ich lasse meinen Sohn viel mehr ausprobieren, auch Dinge, die vielleicht potenziell ein bisschen gefährlich sind.

Vor der Geburt habe ich absichtlich weder Zeitschriften noch Bücher über Erziehung gelesen. Ich war überzeugt davon, dass es richtig ist, erst dann in der Literatur oder im Internet zu recherchieren, wenn sich akute Fragen ergeben. Bis jetzt hat das wunderbar funktioniert. Wir sind ganz glücklich darüber, wie es bei uns läuft. Beruflich bedingt muss ich das jetzt ein wenig verändern, weil ich mich natürlich zusätzlich umfassender pädagogisch informieren werde.

Ansonsten hoffe ich, dass ich die Eltern von meinen Plänen überzeugen kann, wie ich mit ihren Kindern die Zeit verbringen möchte. Ich bin der Meinung, dass Kinder im Laufe eines Spieltages auch mal dreckig werden müssen, sie sollen sich im Schlamm und Matsch suhlen dürfen, solange sie wollen. Ich frage mich nur, wie man das formuliert, ohne Mütter und Väter zu erschrecken. Wir haben ein Naturschutzgebiet vor der Tür, neben uns die Rheinauen, es ist also möglich, sich völlig frei in der Natur auszutoben. Ich möchte, dass die Kinder lernen, Tiere und Pflanzen richtig zu benennen. Ein Hund ist ein Hund und kein Wauwau und ein Pferd heißt nicht Hottehüh. Da bin ich eigen. Manche Dinge mache ich einfach anders als Mütter. Das muss kein Nachteil sein, ganz im Gegenteil. Ich konnte während meiner Väterzeit bereits Vergleiche anstellen, die zu meinen Gunsten ausfielen.

In den ersten zwei Monaten haben wir uns gemeinsam ums Kind gekümmert. Das heißt, ich bin ab dem ersten Tag nach der Geburt zu Hause gewesen und meine Frau ist offiziell nach zwei Monaten wieder arbeiten gegangen. Jeder weiß natürlich, dass es reine Theorie ist, zwei Monate komplett raus aus dem Arbeitsalltag zu sein und sich nur ums Kind zu kümmern, wenn man einen anspruchsvollen Job hat. Nach zwei Monaten habe ich das Elternjahr fortgesetzt.

Aufs Stillen haben wir komplett verzichtet, das wäre für meine Frau nicht durchführbar gewesen, denn sie fährt manchmal tagelang durch ganz Deutschland und per Kühlexpresspost kann man die Muttermilch ja schlecht schicken. Wir waren uns einig, dass wir auf Nummer sicher gehen mussten, denn wir hätten uns nicht darauf verlassen können, dass es geklappt hätte, innerhalb von zwei Wochen abzustillen. Wir entschieden uns daher für die Flaschennahrung und erlebten Diskriminierung pur. Dass man ein Kind nur mit der Flasche großzieht, gilt in Deutschland als Unding.

Ständig wurde uns ein schlechtes Gewissen eingeredet: »Stillen ist das Beste für Ihr Kind.« – »Ja, geht aber nicht.« – »Stillen ist aber das Beste für Ihr Kind.« – »Ja, aber es geht eben nicht.« – »Aber Stillen ist doch das Beste für Ihr Kind.« Wie ein Mantra. Es ist völlig hoffnungslos, mit einem Still-Befürworter rational zu sprechen.

In der Krabbelgruppe haben mich die Mütter damit in Ruhe gelassen. Da haben wir uns über allgemeine Sachen ausgetauscht: Koliken, Windeln, Schlaf – die klassischen ersten Drei-Monats-

Gespräche, die konnte man wunderbar führen. Es war nur ein wenig nervig, immer der einzige Mann zu sein. Natürlich haben mich reine Frauenthemen gelangweilt und selbstverständlich reden Frauen untereinander anders, als wenn ein Mann dabei ist. Meistens haben sie dann einfach so getan, als wäre ich nicht da. Manchmal war mir das auch recht: Fünf Frauen in einem Raum schaffen es, gleichzeitig über vier verschiedene Dinge zu sprechen. Ich kann da weder folgen noch mitreden. Als Mann ist man einfach überfordert.

Ich habe gern mit ihnen über Kinder- und über ganz normale Alltagsthemen geredet. Ich hätte mich aber manchmal genauso gern über andere Dinge und nicht nur über Kinder unterhalten. Wenn ich mich mit Freunden treffe, dann quatschen wir nicht über den Nachwuchs. Und ich möchte auch gar nicht den ganzen Tag über Kinder reden. Ich habe aber das Gefühl, viele Frauen wollen das so. Bei mir darf es ruhig ein Mix aus Politik, Wirtschaft und Weltwissen sein, auch gern Themen des Alltags, aber bitte nicht ausschließlich Kinder.

Als frischgebackener Vater war ich ein wenig dem Generalverdacht ausgesetzt, meinen Pflichten nicht ausreichend nachzukommen. Das hat sich aber schnell gelegt. Der Rollentausch bringt viel Unerwartetes mit sich: Früher war ich es, der die Klamotten auf links ausgezogen und in die Ecke gepfeffert hat, heute tut das meine Frau. Sie geht samstags zum Männer-Babyschwimmen, weil die Mütter-Kind-Kurse alle unter der Woche stattfinden.

Als Piet etwas größer war, habe ich verzweifelt nach einer Eltern-Kind-Gruppe gesucht, in der ich mich wohlfühlte. Mir fiel zu Hause die Decke auf den Kopf. Ich hatte keine Geburtsvorbereitung besucht, da hatte ich meine Frau zum Singlekurs geschickt. Als klassische Mutter besuchen Sie den Hechelkurs, vielleicht noch Yoga für Schwangere, der Geburt folgt die Nachsorge und natürlich gehen Sie zur Rückbildungs-Gymnastik. Während dieser Gruppen und Kurse lernen Sie unheimlich viele

Gleichgesinnte kennen. Sie kommen aus dem Krankenhaus nach Hause und haben ein soziales Netzwerk mit Müttern und Babys.

Als Mann haben Sie das nicht. Vor der Geburt hat es mich nicht interessiert, aber nach der Geburt war ich dann auf einmal mit dem Kind alleine. Nach zwei Monaten saß ich zu Hause und hatte eine Wochenbettdepression. Die kann Männer, wenn sie zu Hause bleiben, genauso treffen wie Frauen. Die Sozialkontakte, die ich durch meine Arbeit hatte, waren alle futsch. 50 Prozent der Freunde fallen weg, weil sie mit Kindern nichts zu tun haben wollen, die wenigsten meiner Kumpels hatten Nachwuchs. Tagsüber hat sowieso keiner Zeit. Da habe ich händeringend nach Babyclubs gesucht, nach einem, wo ich nicht nach einer Stunde Amok gelaufen wäre.

Es war furchtbar: Der erste Kurs hatte einen großen Anteil an Müttern mit Migrationshintergrund. Es ist schon ein Problem, wenn Sie mit zehn Frauen in einem Kurs sitzen, von denen sieben ein Kopftuch tragen, und Sie der einzige Mann sind. Manche sind einfach aufgestanden und gegangen. So macht das keinen Spaß.

In einem anderen Babyclub waren die Kinder alle älter als Piet und kreisten ständig mit ihren Bobbycars um ihn herum. Ich musste dauernd aufpassen, dass sie ihm nicht den Arm abfuhren. Das war wenig entspannend.

Im nächsten Kurs haben sie nur gesungen. Nur gesungen! Horror! In meinem jetzigen Kurs wird ein Begrüßungslied gesungen und ein Abschiedslied, damit kann ich leben.

Ich hoffe, dass in das Leben von Vätern in Elternzeit ein bisschen mehr Normalität einkehrt. Dass es sich stärker durchsetzt. Ich sehe das Hauptproblem bei den Arbeitgebern. Das betrifft nicht nur Männer, sondern genauso Frauen. Ich habe die Diskussion bei meiner Frau miterlebt, als sie einen tollen neuen Job hätte haben können, aber leider gerade schwanger geworden war.

Als ich in Elternzeit ging, wurde mir deutlich gesagt, dass ich keinen Job mehr haben werde, falls ich plante zurückzukommen.

Ich bin während der Elternzeit gekündigt worden. Jetzt weiß ich, woran ich bin. Ich habe nicht widersprochen, ich bin nicht vor Gericht gezogen. Die Grundeinstellung der Arbeitgeber muss sich ändern. Das kann auch die Politik nicht leisten, das moralische Umdenken muss woanders entstehen. Dann bekommen wir vielleicht auch ein zweites Kind, aber nur, wenn uns niemand mehr ständig danach fragt.

4.

»Der Preis ist hoch«

Stefanie, 44, Berlin,
Leiterin Unternehmenskommunikation
Tochter Charlotte, 5
Tochter Johanna, 3

Über sie wurde international in den Medien berichtet: Stefanie hatte als Abgeordnete im Berliner Abgeordneten-haus während einer Sitzung ihre Tochter in der ersten Reihe gestillt. Sie musste nach der Beschwerde einer Kollegin (!) ein paar Reihen weiter nach hinten umziehen.

Gut ein Jahr später legte sie vorzeitig ihr Mandat nieder und machte weiter Karriere als Leiterin der Unternehmens-kommunikation eines großen Krankenhauses. Da waren ihre Töchter eineinhalb und vier. Und sie setzte ihre Karriere fort.

Ein Leben gänzlich ohne Kinder oder ohne Arbeit kam für mich nie infrage. Ich bin mit einer voll berufstätigen Mutter auf-gewachsen und empfand das Leben mit ihr wegen all der zeitlichen Einschränkungen bestimmt nicht immer als optimal. Aber unterm Strich haben sich meine Geschwister und ich gut arrangiert und wir haben unsere Kindheit diesbezüglich als unproblematisch in Erinnerung.

An meinem 25. Geburtstag fragte mich meine Mutter, wann ich denn Kinder bekommen würde. Meine lapidare Antwort war, dass dazu nun mal ein Mann erforderlich sei. Den lernte ich erst kennen, als ich 32 war. Wir wünschten uns bald Kinder, aber zunächst klappte es einfach nicht. Es hat Jahre gedauert, bis wir dann endlich sogenannte »Kinderwunsch-Kinder« bekamen, also Babys, die durch eine Kinderwunschbehandlung in einer Arzt-praxis zustande kamen. Ich war 38, als Charlotte geboren wurde.

Aus heutiger Sicht wäre es viel besser gewesen, die Kinder früher zu bekommen, es hätte besser gepasst und wäre vielleicht auch nicht ganz so angespannt gewesen, aber mein Einfluss reichte da wirklich nicht aus.

Mir war wichtig, einen Mann zu haben, der mit mir die An-sichten über die Vereinbarkeit von Familie und Beruf teilt. Bereits als wir uns kennenlernten, erzählte er oft von seiner Nichte, mit der er viel Zeit verbringen würde, und erklärte, dass es ihm sehr wichtig sei, selbst Kinder zu bekommen.

Nach rund vier Monaten hatten wir ein Gespräch, in dem er mir von seinem Zwillingsbruder erzählte, dessen Frau selbstverständlich auch mit Kindern weiter arbeitete. Er fand das gut, und ich war froh, dass wir uns hier einig waren.

Zu dieser Zeit war ich selbstständig, ich leitete eine kleine Agentur für PR-Arbeit und Kongressorganisation. Es war eine stressige Situation, weil ich natürlich als Selbstständige sehr viel arbeitete und mir kaum Pause gönnte, aber es machte mir sehr viel Spaß. Ich hatte zumindest Einfluss auf meine Termine und meine Zeiteinteilung – ein klarer Vorteil.

Was mich so sehr erfüllte, war meine projektbezogene Arbeit, die immer den großen Vorteil mit sich bringt, dass man von Zeit zu Zeit ein Erfolgserlebnis hat. Man sieht, wie die Dinge wachsen und zum Abschluss kommen. Das hat mir einfach objektiv von außen Erfolgserlebnisse gebracht, die sehr wichtig für mein Selbstbewusstsein waren. Nie wollte ich nur als Frau und Mutter wahrgenommen werden, sondern das Feedback über meinen Beruf war mir sehr wichtig. Die Leute waren immer äußerst zufrieden mit meiner Arbeit und ich konnte mir niemals vorstellen, damit aufzuhören.

Als ich schwanger war, hatten mein Mann und ich auch noch die irrsinnige Idee, ein Haus zu bauen. Ich würde nach meiner Erfahrung aber jedem davon abraten. Abgesehen von der finanziellen Belastung, schadet es auch der besten Beziehung.

Ich habe mich intensiv für mein Leben als Mutter gerüstet. Ich habe sehr viel gelesen und mit meiner recht ausgeprägten handwerklichen Neigung gebastelt und genäht. Während der Schwangerschaft entstand mit viel Mühe und Sorgfalt eine Patchwork-Decke. Ich baute ein Bett für das Kind, nähte Vorhänge und strickte Jäckchen und Söckchen. Sowohl mental als auch ganz praktisch habe ich mich auf mein erstes Kind vorbereitet.

Es gab eine Art Masterplan für die Zeit rund um die Geburt. In meiner Firma hatte ich Monate vorher eine Vertretung für mich organisiert. Das Gerüst brach jedoch zusammen, weil die Frau kurz nach mir schwanger wurde. Eine andere Mitarbeiterin, jünger als ich, die sehr gut war und mit der ich mich gut verstand, beschloss ausgerechnet während meiner Schwangerschaft zu kündigen. Plan B und Plan C fielen damit einfach weg.

Da saß ich nun ohne Netz und doppelten Boden und fragte mich, wie ich mit dieser Situation fertig werden sollte. Ich stand unter extremer Anspannung, die auch gesundheitliche Konsequenzen hatte. Ich nahm extrem wenig zu, meine Frauenärztin war sehr besorgt.

Plan D bestand dann aus mehreren kleinen Notlösungen, das war nichts, was mich vollständig entlastet hätte. Immerhin kam die andere frischgebackene Mutter kollegial zu meiner Unterstützung, sie brachte ihr Baby mit und wir arbeiteten stundenweise zusammen im Büro, beide mit Kindern, die in Körbchen neben den Schreibtischen lagen. In dieser Zeit war mir meine Mutter, die in den ersten Monaten meine Tochter immer wieder betreute, eine sehr große Stütze. Ohne sie wäre gar nichts gegangen.

Die Spontan-Entbindung von Charlotte war leicht gewesen, das Stillen klappte auf Anhieb, ich war unheimlich glücklich und ging nach einer Woche wieder ins Büro, das sich zu dieser Zeit bereits in unserer Wohnung befand. Alles ging mir leicht von der Hand, fast wie nebenbei. Ich durfte selbst bestimmen, weil ich meine eigene Chefin war. Ob das ein Privileg ist, weiß ich nicht. Es ist meines Erachtens ein Privileg, sein Leben insgesamt selbst bestimmen zu können.

Aber ich empfinde es durchaus auch als Privileg, in Elternzeit gehen zu dürfen, was mir nie vergönnt war. Das habe ich beim zweiten Kind später schmerzlich vermisst, da hatte ich erneut noch nicht einmal eine richtige Mutterschutzzeit. Als Selbstständige können Sie nicht viel wählen. Mein Glück ist, dass ich ein sehr pragmatischer Mensch bin. Ich nehme eine Situation, wie sie ist, und versuche, das Beste daraus zu machen.

Grundsätzlich fehlte mir mit der Doppelbelastung einfach die Möglichkeit, zur Ruhe zu kommen und zu reflektieren. Alles rauschte an mir vorbei, beim zweiten Kind noch mehr als beim ersten, weil man die knappe Zeit aufteilen muss. Ich hätte so gerne zwischendurch bewusst wahrgenommen, dass gerade ein neues Leben entstanden ist und wie es mir damit ging.

Der Hausbau beanspruchte den Rest an Reserven. Vier Monate nach der Geburt unserer ersten Tochter zogen wir ein und vier Tage nach dem Einzug hatte ich meine erste Sitzung als Abgeordnete im Berliner Abgeordnetenhaus. Hätte man noch mehr in ein Jahr hineinquetschen können?

Ich habe dann sehr schnell eine Betreuung für mein Kind gesucht und fand eine Tagesmutter, die ein eigenes dreijähriges Kind hatte, das sie mitbrachte. Charlotte genoss die Gesellschaft dieses anderen Kindes, es fügte sich hervorragend. Meiner Mutter war ich für ihre Hilfe sehr dankbar, ich wollte sie aber auf keinen Fall als Vollzeitbetreuung für mein Kind einsetzen, das hätte unserem Verhältnis nicht gutgetan. Bei allen Problemen wollte ich doch in gewissem Rahmen autark und souverän sein. Meine Mutter betreute Charlotte aber einen Tag in der Woche, bis sie mit 16 Monaten in den Kindergarten kam.

Ich halte es für eine besondere Erscheinung unserer Zeit, dass es im Alltag als selbstverständlich angenommen wird, dass die Großmütter die unbezahlte Kinderbetreuung übernehmen. Dass sie auffangen, was Staat oder Eltern nicht organisiert kriegen. Ich finde, das kann man nicht erwarten. Meine Mutter war auch nicht mehr sehr jung, als Charlotte auf die Welt kam, sie war 67. Das ist kein Alter, in dem man eine Frau rund um die Uhr mit einem Kleinkind belasten sollte.

Einer bezahlten Kinderfrau kann man außerdem ganz anders gegenübertreten, bestimmte Dinge einfach verlangen, durchsetzen und bestimmen. Mit einer Großmutter gäbe es Diskussionen über Ernährung und Erziehung und aus lauter Dankbarkeit müsste man oft zähneknirschend nachgeben. Das ist mit einer bezahlten Kinderfrau ganz klar geregelt.

Mein Mann hat in der Zeit nach Charlottes Geburt versucht, sich so einzubringen, dass er mich hätte entlasten können. Er ist ein äußerst kinderlieber Mensch und es ist ihm immer wichtig gewesen, Kinder zu bekommen. Aber er war leitender Oberarzt mit allem, was beruflich dazugehört: Überstunden, Nachtdienste, Ruf- und Wochenendbereitschaften, insgesamt eine erhebliche Belastung.

Wir hatten uns so sehr Kinder gewünscht und hatten uns intensiv mit dem Thema auseinandergesetzt, was es heißt, Kinder zu bekommen, Kinder zu erziehen. Rückblickend hatten wir auf die eigene Kindheit geschaut, darauf, wie unsere Eltern mit uns umgegangen sind. Die Realität sieht dann aber doch anders aus und meinen Mann hat sie wohl noch drastischer eingeholt als mich. Er wurde schwer krank, als ich mit dem zweiten Kind schwanger war, und hat sich davon eigentlich nie wieder ganz erholt.

Der Vater fiel teilweise aus, die Mutter musste arbeiten – als Abgeordnete hat man nicht die Möglichkeit, Elternzeit zu nehmen. Die Rabenmütterdiskussion habe ich beim zweiten Kind noch viel stärker erlebt als beim ersten. Ich stellte die rhetorische Frage, wie ich meine Situation denn bitte schön anders lösen sollte. Beim zweiten Kind stand meine Mutter nicht mehr zur Verfügung, die helfend einspringen konnte, sie war nach einem Unfall verstorben. Auch für Johanna suchte ich eine Kinderfrau und fand eine Tagesomi. Ein Glücksfall, denn sie verstand sich auch mit Charlotte hervorragend, wohnte um die Ecke und ist – wie die andere Kinderfrau – heute ein wichtiger Bestandteil unserer Familie.

Trotzdem: Einmal stand ich kurz davor, beide Kinderfrauen zu entlassen und eine Auszeit zu nehmen, mich nur noch um meine

Kinder zu kümmern. Als ich ins Abgeordnetenhaus kam, hatte ich meine Firma längst nach Hause verlegt. Ich war nie mehr alleine, ständig waren Leute um mich herum – Kinderfrauen und Mitarbeiterinnen –, das hat mich unheimlich gestört. Ständig suchte ich nach Sachen, die eine andere Frau woandershin gelegt hatte. Ich fühlte mich bedrängt, eingeengt.

2008 habe ich meine Firma aufgegeben, es war zeitlich einfach nicht mehr zu schaffen. Ich hatte eine aufwendige Sprecherfunktion in der Fraktion und merkte, dass ich nicht mehr allem gerecht wurde. Meinen eigenen Ansprüchen nicht und nicht mehr denen der Kunden, erst recht nicht denen meiner Tochter.

Charlotte war immer ein unruhiges Kind, sie hatte Schlafstörungen und eine Anpassungsstörung, was eigentlich gar nicht so selten vorkommt. Man muss nur erst einmal dahinterkommen. Das ist schwierig, weil alle möglichen Leute sich von außen einmischen und lapidar meinen, »normal« sei eigentlich, dass Kinder durchschlafen und einen strikten Rhythmus haben. Ich fühlte mich auch da sehr unter Druck. Man will schließlich eine gute Mutter sein und alle Probleme lösen können. Auch da gibt es eine hohe Erwartungshaltung aus dem Umfeld.

Obwohl die Ältere, ist Charlotte auch heute noch diejenige, die nur schwer akzeptieren kann, wenn ich nicht da bin. Wenn ich mich abends telefonisch verabschiedete und Gute Nacht wünschte, war sie es, die weinte und mich bat, nach Hause zu kommen. Johanna ist anders, sie lässt sich leichter ablenken und nimmt Trennungssituationen längst nicht so schwer.

Als Politikerin mit Kindern muss man in seiner Planung sehr konsequent sein. Ich war äußerst restriktiv, was Termine anging, es gab aber manche Tage, die morgens um zehn begannen und erst tief in der Nacht endeten, vor allem, wenn es um brisante Themen wie Haushaltsberatungen ging. Solche Tage sind auch ohne Kind extrem anstrengend. Und mich plagte zusätzlich die Sehnsucht nach meinen Kleinen. Als ich nur Charlotte hatte, betreute meine Mutter sie zu Hause und mein Mann übernahm, wenn er von der Arbeit kam. Johanna musste ich später mitnehmen. Freitags konnte ich in der Regel nicht arbeiten, weil Johanna völlig durch den Wind war, denn donnerstags fanden die langen Plenarsitzungen statt und das Kind brauchte den Freitag mit mir zur Erholung.

Die Frauen in meinem beruflichen Umfeld ließen mich häufig mehr als deutlich spüren, dass sie der Ansicht waren, dass meine Kinder extrem leiden müssten. Meine Freundinnen hatten ja diese Torturen fast alle ähnlich erlebt. Es waren vor allen Dingen wohl wissende Frauen aus der Fraktion oder aus dem Abgeordnetenhaus, die mir das Rabenmütter-Siegel aufdrückten. Sie selbst hatten es entweder anders gemacht (ihre Kinder vor dem politischen Mandat bekommen) oder nie Kinder gehabt.

Es ist ein weitverbreitetes Phänomen, dass Leute sich zu Dingen äußern, die sie nichts angehen. Bei der Kindererziehung ist die Schwelle zur Übergriffigkeit sehr niedrig, weil jeder einmal Kind gewesen ist und sich dadurch mit dem Thema in allen Facetten auszukennen meint. Ich selbst habe nie andere Leute angesprochen und mich erkundigt, warum sie in der Öffentlichkeit stillen oder warum sie nicht bei ihren Kindern sind.

Mit der Lage anderer beschäftige ich mich jetzt zum ersten Mal: Eine Freundin hat im letzten Jahr ein zweites Kind bekommen. Sie ist nicht so gut organisiert wie ich und kann sich eine private Betreuung in der Form, wie ich das gemacht habe, nicht leisten. Es gibt kaum Ansätze eines Rhythmus für die Kinder. Ich merke, dass die Eltern total zerrissen sind, keinerlei Freizeit haben und sich fast nichts leisten. Da denke ich seit Längerem darüber nach, ob ich mit ihnen sprechen und ihnen vorsichtig einen Rat geben sollte. Aber ich würde nicht hingehen und ihnen aufzählen, was sie alles falsch machen. Das steht keinem Menschen zu.

Ich habe mich häufig fragen lassen müssen, ob ich glaube, dass es gut für ein Kind ist, wenn ich es immer mitnehme. Oder noch drastischer: ob ich nicht glaubte, dass es dem Kind schadet. Paradoxerweise habe ich mich auf eine Gegenargumentation eingelassen und verdeutlicht, es sei wohl am wichtigsten, dass wir zusammen wären.

Ich habe mir nicht alles an unserem Lebensmodell selbst ausgesucht. Die Kinder kamen spät, das hätte ich gern anders gehabt. Und natürlich hätte ich auf dieses politische Mandat verzichten können. Als ich mich darum bewarb, war ich noch nicht schwanger. Wir wollten zwar Kinder, aber wir wussten nicht, ob es überhaupt jemals dazu kommen würde. Und klar war mir auch: In der Politik gibt es für Neueinsteiger keinen zweiten Versuch. Wenn Sie sich verabschieden, war es das. Das wird übel genommen. Es wartet niemand auf Sie und Ihre Kandidatur.

Ein Kreisvorsitzender wunderte sich vor etlichen Jahren einmal darüber, warum es so wenige junge Frauen in der Politik gibt. Das ist einfach zu erklären: In dieser Zeit kriegen die Frauen ihre Kinder und man lässt ihnen gerade in der Politik keine Chance, die politische Arbeit und die Sorge um den Nachwuchs für alle Beteiligten erträglich zu verbinden. Die meisten Termine finden nach 17 Uhr statt, das ist keine Zeit für kleine Kinder. Politik in Teilzeit – das dauert noch eine Weile und ist wahrscheinlich auch gar nicht möglich.

Mit meinem neuen Job in Festanstellung habe ich mich aus der Politik zurückgezogen, anders wäre es nicht zu schaffen gewesen. Früher oder später muss die Gesellschaft lernen und akzeptieren, dass Politikerinnen und Politiker zusätzlich zu ihrer Tätigkeit Familie haben wollen. Es kann nicht einfach auf Frauen verzichtet werden, dafür ist die politische Arbeit zu wichtig. Ich glaube nicht, dass ich persönlich unersetzbar bin. Aber insgesamt kommt Politik ohne eine ausreichende Anzahl an Frauen nicht voran. Viel zu selten gelangen sie in Positionen, die bestimmend sind. Gerade weil sie Kinder haben, könnten sie einen ganz anderen Einfluss auf die Politik nehmen.

Wird eine SPD-Generalsekretärin oder eine Bundesfamilien-ministerin Mutter, wie das 2011 der Fall war, dann wird das natür-lich in der Öffentlichkeit ganz anders diskutiert. Wenn wir in dieser Gesellschaft irgendwas ändern wollen, wenn wieder mehr Kinder geboren werden sollen, dann muss es möglich sein, dass sich das Berufsleben beider Eltern ändert und auch Raum lässt für den Nachwuchs.

Junge Frauen im gebärfähigen Alter, wie es so schön heißt, werden in vielen Berufen nur mit Vorbehalt eingestellt, sie könnten ja schließlich schwanger werden. Ich habe gerade gestern einer solchen Frau eine Zusage gegeben. Es handelt sich um eine 30-Jährige mit einem anderthalbjährigen Kind. Wenn sie noch ein zweites Kind bekommt, dann müssen wir uns eben nach einer Vertretung umschauen und ihr ermöglichen, bald auf ihren Arbeitsplatz zurückzukehren. So ist das Leben nun mal. Und ich werde doch deswegen nicht eine andere Person einstellen.

Ich gehöre nicht zu denen, die anderen Frauen Steine in den Weg legen. Leider trauen sich aber manche Frauen mit Kindern noch nicht einmal eine Halbtagsposition zu. Das bedeutet, dass sie zum Teil nicht sehr weit kommen werden, von den Renten-ansprüchen gar nicht zu sprechen. Es kommt häufig vor, dass Frauen sich selbst einschränken und denken, Beruf und Kind gingen nicht zusammen. Ich bin der Meinung, dass es gehen muss, man muss eben die Möglichkeiten dazu schaffen.

Eine Art der Unterstützung ist eine privat organisierte Kinder-betreuung. Leider hört man aber oft neidvolle, missgünstige Kommentare über ein angebliches Luxusleben. Wir lassen uns jedoch nicht Millionen auf den Kopf prasseln, sondern wir haben hart für dieses Geld gearbeitet, womit wir andere Leute bezahlen. Viele Frauen können sich eine private Kinderbetreuung nicht leisten, obwohl sie voll berufstätig sind. Sie müssen versuchen, den Spagat mithilfe eines Kindergartens hinzubekommen und den ganzen Haushalt alleine zu bewältigen. Diese Mütter sehen bei Frauen wie mir berufliche Selbstverwirklichung, die zwar anstrengend ist, aber gleichzeitig eine Form der Befriedigung mit sich bringt, die sie selbst auch gerne hätten. Das stimmt schon und ich habe großen Respekt vor diesen Frauen, die es unglaublich schwer haben.

Manche bleiben aber auch lieber zu Hause, anstatt sich zum Beispiel erst einmal als Wiedereinstieg auf einen Teilzeitjob einzulassen. Damit wäre dann ja verbunden: zu wenig Geld, eine nicht gerade anspruchsvolle Tätigkeit, vernachlässigter Haushalt. Würden sie eine Putzfrau bezahlen, bliebe nicht viel übrig. Denen, die argumentieren: »Das ganze Geld, das ich verdiene, geht ja dann für den Haushalt oder für die Kinderbetreuung drauf«, antworte ich: »Und wenn schon! Du hast dir damit aber den Weg bereitet, dass du in drei oder vier Jahren wieder voll arbeiten kannst, ohne den Anschluss zu verpassen. Das lohnt sich doch.«

Ich finde fast alles besser, als nur zu Hause zu sein und nichts anderes außer Kochtöpfen, Besen und Babysprache um sich zu haben. Ohne intellektuellen Ausgleich wäre ich verrückt geworden. Ich hätte das nie ausgehalten, ich wäre kollabiert. Und dabei liebe ich meine Kinder über alles und bin gern mit ihnen zusammen.

Frauen wie ich dürfen übrigens auch mehr als nur ein Kind haben. Aber das traut man uns kaum zu, denn mit zwei oder mehr Kindern ist es noch viel komplizierter, die vielen beruflichen Verpflichtungen zu erfüllen. Ein Kind wird einem schon mal abgenommen, aber zwei nicht so ohne Weiteres. Der Aufwand potenziert sich. Ich wollte aber nie ein Einzelkind haben, denn ich habe meine Geschwister immer sehr genossen, man hält zusammen, egal was passiert, und man hilft sich gegenseitig. Diese Erfahrung wollte ich auch meinen Kindern nicht vorenthalten.

Natürlich habe ich vieles geplant und natürlich kam vieles dann anders: Letztlich habe ich 2010, als Johanna knapp anderthalb Jahre alt war, nach vier von fünf Jahren der Legislaturperiode mein Mandat im Abgeordnetenhaus niedergelegt. Beide Tagesmütter blieben aber bei uns und kümmern sich weiterhin um Charlotte und Johanna. Jedes Kind hat also neben seinen Eltern eine weitere Bezugsperson und diese können in Krankheitsfällen die Kinder versorgen. Es ist ein Netz mit doppeltem Boden, aber genau das brauchen wir.

Eine Durchschnittswoche sieht bei mir momentan so aus: Bis auf montags, wenn mein Mann das übernimmt, bringe ich meine Kinder morgens Viertel acht in die Kita. Freitags hole ich sie bis 16 Uhr ab. Montags und mittwochs holt mein Mann die Kinder ab und verbringt mit ihnen den Nachmittag, dienstags und donnerstags arbeitet mein Mann lange, da übernimmt jeweils die Kinderfrau bis sieben Uhr abends, bis ich nach Hause komme. Häufig arbeite ich auch abends, wenn die Kinder schlafen, aber am Wochenende bleibt tagsüber Zeit für meine Mädchen.

Der Preis, den wir gezahlt haben – denn schließlich waren wir beide berufstätig –, ist wahrscheinlich unsere Ehe. Ich weiß nicht, ob es anders gekommen wäre, wäre ich zu Hause geblieben. Das hätte wiederum ich wahrscheinlich nicht ausgehalten.

Trotzdem bedauere ich nichts, denn es gibt nichts Schöneres, als Kinder zu haben. Und im Prinzip würde ich es wieder so machen. Ich würde auch jedem dazu raten, den Spagat zwischen Familie und Beruf zu wagen. Es lohnt sich. Man muss nur mit Selbstbewusstsein an die Situation herangehen, dann schafft man das auch.

5

»Väter sind die besseren Mütter«

Klaus, 63, Bielefeld, Betriebswirt
Tochter Julia, 12
Sohn Alexander, 12

Seiner Frau bereitet Klaus jeden Morgen ein wunderbares Frühstück mit mundgerecht geschnittenem Obst zu, meist einen Teller mit Banane, Birnen- und Apfelschnitzen. Sie, 14 Jahre jünger als ihr Mann, ist eine sehr aktive, im Leben stehende Frau, die in ihrer Arbeit aufgeht und sich nicht vorstellen mochte, sie aufzugeben. Klaus, selbst sehr auf beruflichen Erfolg bedacht, konnte bereits auf eine erfüllende Karriere in einem Einzelhandelskonzern zurückblicken, als das Paar über Nachwuchs sprach. Beide wollten gerne ein Kind. Ein leibliches. Eines.

Und dann kam alles anders. Und das Glück gleich dazu.

Zehn Jahre lang haben wir versucht, ein Kind zu bekommen. Zehn Jahre haben wir gebraucht, um uns einzugestehen, dass der natürliche, biologische Weg bei uns nicht klappt. Zehn Jahre, in denen wir uns mit allen möglichen medizinischen Hilfsmitteln auseinandergesetzt haben: Hormonbehandlungen, Einpflanzen und die peinlichen Situationen auf dem Krankenhausflur, wenn ich mal wieder mein Töpfchen abgeben musste.

Irgendwann habe ich zu meiner lieben Frau gesagt, jetzt sei Schluss mit den ganzen Bemühungen. Vielleicht sei das auch nicht gottgewollt, obwohl wir nicht sehr religiös sind. Wir müssten wohl ohne Kinder leben, davon war ich nun überzeugt.

Meine Frau war einverstanden. Zunächst einmal. Nach weiterer Bedenkzeit kam sie auf die Idee, ein Kind zu adoptieren. Ich habe das kategorisch abgelehnt. Fremder Leute Kinder wollte ich nicht großziehen.

Es dauerte ein weiteres Jahr, bis ich es zuließ, mich zumindest mit dem Gedanken zu beschäftigen. Bis ich anfing, über ein Gespräch mit Fachleuten nachzudenken. Bis wir uns mit Mitarbeitern des Jugendamts trafen und redeten. Und uns langsam herantasteten.

Was alles dazugehört, ein Kind zu adoptieren, offenbart sich erst im Laufe der Zeit. Sie kriegen ja nicht einfach ein Kind. Sie müssen Kontakt mit dem Jugendamt halten, Sie müssen Seminare besuchen, Sie müssen an Gruppengesprächen teilnehmen. Außerdem wurde mir deutlich gemacht, dass wir uns wegen meines hohen Alters von fast 50 eine Adoption abschminken könnten.

Drei Jahre führten wir Gespräche, die dann auf die Möglichkeit eines Pflegekindes hinausliefen. Da schien das Alter plötzlich keine große Rolle zu spielen, wobei es sowieso keine offiziellen Altersgrenzen gibt, aber inoffiziell halten sich einige Jugendämter lieber an jüngere Familien.

In weiteren Seminaren ging es ans Eingemachte: Es wurden Extrembeispiele besprochen, Fälle von Gewalt und sexuellem Missbrauch in den Familien und uns wurde regelrecht schlecht. Wir saßen da und fragten uns, was wir da eigentlich gerade planten. Ob wir uns überhaupt zutrauten, so ein traumatisiertes Kind zu erziehen, groß werden zu lassen, es seine Vergangenheit vergessen zu lassen. Da kamen uns dann doch große Zweifel.

Viel Zeit ging ins Land und irgendwie hatten wir schon die Hoffnung aufgegeben. Wir fingen an, uns damit abzufinden, dass wir beide nun kinderlos bleiben würden. Dann klingelte eines Tages das Telefon und eine Frau sagte: »Wir haben jetzt ein Kind für Sie.« Ich fragte: »Was ist es denn? Ein Junge oder ein Mädchen?« »Ja«, antwortete sie, »ist es.« Ich fragte nach: »Wie – ist es?« »Beides. Es sind Zwillinge, ein Zwillingspärchen.« Sie riet uns zu einer Woche Bedenkzeit. Am nächsten Tag sagten wir zu. Wir wollten nicht drei weitere Jahre warten. Wir riefen beim Jugendamt an und teilten mit, die Anzahl der Kinder sei uns egal, gewickelt würden sie alle.

Unsere Babys waren acht Monate alt und noch bei Zwischenpflegeeltern. Psychologen empfehlen, dass Kinder, die aus ihrer leiblichen Familie genommen werden, nicht unmittelbar zu den endgültigen Pflegeeltern kommen, sondern über Etappen. Namen hatten die beiden schon, ihre ersten Lebensmonate füllten bereits dicke Akten. Der familiäre Hintergrund war alles andere als gut: Die Eltern hatten auf der Straße gelebt, mit Drogen und Alkohol Kontakt gehabt. Das Gericht hatte auf Empfehlung des Jugendamts beschlossen, dass die Kinder nicht mehr bei ihnen leben durften.

Wir vereinbarten einen Termin mit den Kurzzeitpflegeeltern und trafen uns dort mit der Dame vom Jugendamt. Das war aufregend, sage ich Ihnen! So etwas vergisst man nicht. Noch im Auto haben wir uns furchtbar gestritten, meine Frau und ich. Und das, wo wir normalerweise nie Streit haben, wir kennen das eigentlich gar nicht. Aber wir waren so nervös, wir hatten solche Angst, die Kinder zu sehen und dann vielleicht abzulehnen. Wir haben uns im Auto richtig angemotzt. Und dann entpuppte sich alles als ganz harmlos, ja nahezu harmonisch.

Die beiden lagen auf der Erde auf einer Decke. Ich schnappte mir gleich das Mädchen und meine Frau den Jungen – ganz klassisch – und dann strahlten wir, lachten und freuten uns. Wir waren hin und weg, die Kinder auf unseren Armen waren ungeheuer fröhlich. Es war hinreißend!

Wirklich begriffen, was wir da gerade tun, haben wir nicht. Es rauschte nur so um uns herum und wir genossen diesen unglaublichen Einschnitt in unserem Leben. In den letzten Tagen hatten wir schon konkreter darüber gesprochen, wie wir uns mit den Kindern organisieren wollten. Es ging natürlich auch darum, wer von uns zu Hause bleiben würde.

Pflegekinder zu haben bedeutet, dass im ersten und zweiten Jahr ein großes Risiko besteht, dass die Kinder ihr neues Zuhause wieder verlassen müssen. Wenn die leiblichen Eltern ihr Leben so umstellen, dass das Jugendamt ihnen die Pflege und Erziehung wieder zutraut, dann bekommen sie ihre Kinder zurück. Das Risiko hatten wir bewusst in Kauf genommen und das Damoklesschwert schwebte nun über uns.

Wie sich später herausstellte, hatten wir die richtige Entscheidung getroffen. Die leiblichen Eltern haben sich nie um die Kinder gekümmert. Wir haben sie einmal kennengelernt, aber bei diesem einen Mal ist es geblieben. Die Ämter sind immer bestrebt, dass der Kontakt zu den leiblichen Eltern nicht abbricht. Die Mutter hatte den Kontakt gesucht und die Kinder sehen wollen. Doch zu dem Zeitpunkt hat das Jugendamt abgelehnt. Dann wollte die Mutter wenigstens wissen, wo ihre Kinder untergebracht waren, sie wollte uns kennenlernen. Dem haben wir zugestimmt.

Ich glaube, dass die Begegnung für die junge Frau schlimm war: Sie war ein junges Mädchen, Mitte 20, von der Straße, völlig fertig, völlig heruntergekommen. Wir konnten erstaunlicherweise ganz gut mit dem Treffen umgehen. Die Kinder waren da schon vier Jahre alt, wir hatten uns wunderbar in unserem neuen Leben zu viert eingerichtet. Und ich war Hausmann geworden.

Damals, als die Adoptionspläne konkret wurden, hatte ich Schwierigkeiten mit meinem Arbeitgeber. Ich war bereits seit 20 Jahren in der Firma, zwölf davon als Verwaltungsleiter mit der kaufmännischen Verantwortung für 300 Mitarbeiter. Wir übernahmen eine weitere Firma und unser Vorstand setzte mir den Prokuristen vor die Nase. Das habe ich ihm sehr übel genommen. Mit meiner Erfahrung und Karriere wollte ich ungern mein Gesicht verlieren. Natürlich habe ich mich mit dem Herrn nicht verstanden und natürlich wollte ich mir diese Situation nicht gefallen lassen. Ich traf meine Entscheidung und blieb zu Hause. Mit 50 fiel mir das leichter, als es mir mit 30 gefallen wäre. Bestimmt hätte ich in diesem Alter nicht so leicht auf den Beruf verzichten können, vielleicht wäre ich ja gerade befördert worden und hätte noch nicht so viel erlebt.

Hausmann im Jahre 2000. Dass ich zu der Zeit ein Unikat war, wurde mir nicht sofort bewusst. In Kürze würde ich zwei kleine Wesen im Alter von acht Monaten zu versorgen haben. Ich hatte keine Ahnung, wie man mit ihnen umging. Und so bin ich vier Wochen lang zu der Kurzzeitpflegefamilie gefahren – wie ein Lehrling. Morgens um sieben fuhr ich hin und ging erst nach Hause, als meine Kinder dort im Bett lagen.

Dann folgte Stück für Stück die Eingewöhnung in unsere Familie: zwei Stunden Besuch, eine Übernachtung, ganz langsam, ganz behutsam. Meine Frau ging in der Zeit arbeiten. Für sie war alles wunderbar: Sie war glücklich, dass die Kinder da waren, glücklich, dass ich mich darum kümmerte, glücklich, dass sie weiter arbeiten durfte. An einem Samstag holten wir unsere Kinder ganz zu uns. Das war sehr aufregend, plötzlich hatten wir zwei Babys im Haus. Das Leben war von heute auf morgen ein anderes, alles drehte sich nur noch um die Kinder und man hatte plötzlich nichts anderes mehr im Kopf als diese beiden Babys mit ihren Bedürfnissen.

Wenn meine Frau abends nach Hause kam, redeten wir nur das Nötigste. Ich habe in meinem Leben noch nie so viel arbeiten müssen. Kinder fordern einen 24 Stunden am Tag. Wenn man sich schlecht fühlt, kann man sich nicht einfach krankschreiben lassen, und Anspruch auf Urlaub hat man auch nicht. Wochenenden gibt es ebenfalls nicht. Wenn die Kinder gegen acht Uhr im Bett lagen, war ich völlig am Ende. Eine halbe Stunde später schlief ich auf der Couch ein.

Das Verhältnis meiner Frau zu den Kindern entwickelte sich auch allmählich, aber natürlich nicht annähernd so intensiv wie bei mir. Meine Frau war den ganzen Tag weg und das Zusammensein mit den Kindern konzentrierte sich aufs Wochenende. Es war ein klarer Rollentausch: Meine Frau war der Vater, der arbeiten ging und das Geld verdiente. Und ich hatte die typischen Mutteraufgaben zu erledigen, blieb zu Hause und kümmerte mich um Haus und Nachwuchs.

Unser Freundeskreis, der eher im Alter meiner Frau war, hielt uns für völlig übergeschnappt, als er von unserer Planung erfuhr.

Auch die engsten Freunde dachten, ich wäre verrückt geworden. Hausmann! Das konnte doch nicht ernst gemeint sein. Gesagt hat mir das keiner. Es war paradox: Man sprach einfach nicht darüber. Niemand fragte mich nach meiner Motivation oder kam vorbei und schaute sich an, was ich zu Hause tat. Niemand fragte mich, wie es mir ging. Niemand wollte wissen, wie sich unser neuer Tagesablauf gestaltete. Die einzigen Sprüche waren: »Ach, und du hast jetzt aufgehört zu arbeiten?« Ich schnappte nach Luft: »Hör mal, ich habe noch nie so viel gearbeitet wie jetzt!« Es hat lange gedauert, bis sich das Thema normalisiert hatte.

In der Familie wurden unsere Kinder als die neuen Verwandten voll akzeptiert. Meine Rolle im Übrigen auch. Wenn ich bei Familienfeiern zwischendurch zum Windelnwechseln ging, hat sich keiner mehr gewundert. Ich habe nie etwas Negatives gehört, ganz im Gegenteil: Ich wurde in meiner Rolle bestärkt.

Die berufliche Anerkennung fehlte mir nicht, dafür war ich zu lange im Job gewesen. Was mir anfangs aber wirklich schwerfiel, war die Einsamkeit. Man ist den ganzen Tag alleine mit den Kindern, die nicht mit einem sprechen können, kein Telefon, kein Besuch, nichts. Und das gerade nach einer besonders intensiven Berufsphase.

Nach einem Jahr merkte ich, wie schön diese Situation doch war. Vorher hatte ich in meinem Konzern unter enormem Stress gestanden, ich war sehr ehrgeizig und wollte meine Arbeit gut machen. Gleichzeitig musste ich aufpassen, dass keiner an meinem Stuhl sägte, musste mit gewaltigem Druck umgehen, wenn die Umsätze nicht stimmten. Mit den Kindern zu Hause war dieser Riesenballast plötzlich weg. Ich merkte, wie ich ruhiger wurde, ausgeglichener und netter. Die verantwortungsvolle Arbeit mit den Kindern hat mir enorm geholfen. Wir haben vieles aus dem Bauch heraus und offensichtlich auch richtig gemacht. Meine Frau und ich sind immer sehr liebevoll miteinander umgegangen. Bei uns gehört häufiger körperlicher Kontakt selbstverständlich dazu. Wir halten Händchen, wir küssen, wir berühren uns. Und genau das machen wir auch mit den Kindern.

Wir vier lagen ewig lange zusammen im Bett und kuschelten. Wir dachten gar nicht darüber nach, dass es fremde Kinder waren. Zum Glück konnten sich die beiden in unserer liebevollen Atmosphäre ganz normal entwickeln. Als sie zu uns gekommen waren, hatte uns der Kinderarzt massive Entwicklungsdefizite bescheinigt. Mit ihren acht Monaten waren sie so weit wie andere Babys mit drei Monaten. Wir holten alles auf. Bis zur Schule waren sie auf dem gleichen Stand wie ihre Altersgenossen.

Neben der Arbeit mit den Kindern stellte mein Männerhaushalt eine ebenso anspruchsvolle Aufgabe dar. Meine Frau und ich haben die ersten zehn Jahre unserer Beziehung in einer 58 Quadratmeter großen Wohnung gelebt. Das war wunderbar, ich musste kaum aufräumen und putzen, weil es nicht so viel Fläche gab. Unsere Arbeitsteilung war prima, ich war immer fürs Kochen zuständig, während meine Frau gesaugt und Oma gebügelt hat. Ein Jahr bevor die Kinder zu uns kamen, hatten wir gebaut. Für unsere rund 200 Quadratmeter beschäftigten wir jetzt eine Putzfrau. Die kam einmal in der Woche. Das half zwar, aber trotzdem musste ich zusätzlich putzen. Chaos ist nicht in drei Stunden zu beseitigen. Und Kinder verursachen eben Chaos. Und sie nehmen Zeit in Anspruch, weshalb so viel liegen bleibt!

Meine größte hausmännliche Herausforderung – bis dato hatte ich noch nie gebügelt! Jetzt musste ich es. Man kann sich vorstellen, wie lange ich anfangs für ein Kleidungsstück brauchte und wie es danach aussah. Bis nachts um eins stand ich am Bügelbrett, es war furchtbar. Ich habe alles gebügelt, was gebraucht wurde, mehrheitlich die Kleidung meiner Frau. Das ist bis jetzt so geblieben. Heute geht das allerdings in einem Affenzahn. Aber ihr Frauen werdet ja schließlich auch nicht mit Bügeleisen geboren.

Es warteten noch weitere Herausforderungen auf mich: Ich bin in Bielefeld immer sehr verwurzelt und aktives Mitglied im

Sportverein gewesen. Auch unsere Kinder sollten sich körperlich betätigen und mit anderen spielen. Also ging ich zum Mutter-Kind-Turnen. Dort traf ich auf Frauen, die 20 Jahre jünger waren als ich und deren Vater ich hätte sein können. Prompt sprachen sie nicht mit mir und ich nicht mit ihnen, wir haben uns nur beäugt und sie dachten wohl, ich sei der Opa der Kinder. Es dauerte eine Weile, bis das Eis gebrochen war und wir uns unterhielten. Später stellten wir alle fest, dass wir uns sehr gut verstanden, ähnliche Interessen hatten und vor allem die Gemeinsamkeit, intensive Zeit mit unseren Kindern verbringen zu wollen. Daraus entwickelte sich eine tolle Gemeinschaft. Wir backten zusammen Kuchen, tranken Kaffee und sprachen darüber, ob unsere Kinder schon krabbeln, später laufen, dann sprechen konnten, und freuten uns mit- und füreinander.

Meine Sonderrolle wurde mir erst dann wieder einmal bewusst, als ich mich mit einer Mutter verabredet hatte, dass die Kinder bei mir zu Hause zusammen spielen sollten. Da wurde mir schlagartig bewusst, dass ich ja jetzt ein Date mit einer jungen, attraktiven Frau hatte, um uns gemeinsam in meinem Haus zu treffen. Ich rief meine Schwiegermutter an und sagte: »Du musst sofort kommen.« Es war der Hilferuf nach einer Anstandsdame. Ich instruierte sie genau: Sie kam fast zeitgleich zum Spielbesuch und trank mit uns Kaffee.

Einige Monate später traute ich mich mehr. Aber es war immer noch seltsam: Da gehen Sie als Mann zu einer fremden Frau, die Kinder spielen, Sie sitzen zusammen in der Küche und da kommt der Ehemann von der Arbeit nach Hause. Da guckt der Mann dann natürlich schon etwas seltsam. Aber man gewöhnt sich an alles und ich bin ein recht offener Mensch, das hat mir sehr geholfen.

Wenn ich heute mit meiner Frau spazieren gehe, grüße ich ständig rechts und links und meine Frau wundert sich. Das sind dann immer Menschen, die Kinder in unserem Alter haben.

Meine Frau war nie eifersüchtig auf die vielen Mütter um mich herum und ich habe ihr keinen Grund gegeben. Es war auch nicht schlimm für sie, dass ich eher meine Krabbelgruppen-Mütter um Rat fragte als meine Frau, wenn ich Austausch wegen der Kinderbetreuung brauchte. Die anderen Mütter wiederum suchten oft meinen Rat, wenn Lebenserfahrung gefragt war. Wenn es um berufliche Themen ging, Wiedereinstieg, das Schreiben von Bewerbungen, Vorstellungsgespräche.

Ich glaube, das Geheimnis meiner glücklichen Väterzeit ist, dass ich diese als meinen Beruf angesehen habe. Das war meine Arbeit und ich wollte sie mit Leidenschaft gut machen und Erfolge haben. Ich gab alles. Bei jungen Frauen, die ihren Job aufgeben, um nur noch Mutter zu sein, gibt es viel mehr Frustrationsfallen. Mit 30 hätte ich diesen Weg wahrscheinlich nicht gehen können. Und wenn ich mir vorstelle, dass manche Frauen mit Mitte 20 ihr erstes Kind kriegen, wenn sie im Beruf noch gar nicht viel erfahren und geleistet haben, und dann einfach Hausfrau bleiben, kann ich sehr gut verstehen, dass so jemand nach einer Zeit daheim verrückt wird und nur ganz schwer die Kurve zurück in den Job kriegt.

Für mich war die Entscheidung eine der besten meines Lebens. Mir tut jeder Mann leid, der seine Kinder nicht so erleben kann: sich von morgens bis abends zu kümmern, den ganzen Tag über der Ansprechpartner zu sein. Für ein kleines Kind ist, was man sagt, Gesetz. Welche Verantwortung! Natürlich klappt das immer weniger, je älter sie werden. Aber dann gibt es Diskussionen auf anderen Ebenen, andere Sorgen und Freuden. Dieses Umsorgen der Kinder, das geht vielen Männern ab. Die wenigsten wissen, wie es ist, rund um die Uhr verfügbar und zuständig zu sein. Da sind so viele, so intensive Gefühle! – Das kennen die wenigsten meiner Geschlechtsgenossen. Diese Erfahrung möchte ich nicht missen.

Ich war Elternratsvorsitzender, Elternvertreter, dann auch im Vorstand unseres Montessori-Kindergartens. Dort war ich für die

Personalfragen zuständig, das hatte ich ja so viele Jahre haupt-
beruflich gemacht. Später war ich natürlich Elternschulsprecher,
in der Schulpflegschaft, ich backe für jedes Sommerfest meine
zwei besten Kuchen: Meine Philadelphia-Torte und der Marmor-
kuchen sind überall sehr begehrt.

Ich habe mich aber stets geweigert, Brot selbst zu backen oder
Marmelade herzustellen. Was soll der Quatsch? Ich habe es immer
abgelehnt, überflüssige Dinge zu machen, so wie die Hausfrauen,
die sich nur übers Einkochen profilieren und über die Tatsache,
dass sie mit Hingabe auch unterm Teppich saugen. Väter sind
die besseren Mütter, davon bin ich überzeugt! Frauen haben
nicht diese Ruhe, es fehlt ihnen an Ausgeglichenheit. Die Kinder
können machen, was sie wollen, die kriegen mich nicht klein, da
ist meine Frau schon längst auf 100.

Im ersten Jahr mit unseren Kindern hatte ich immer wieder
Zweifel, ob alles gut läuft und ob wir auch alles richtig machen –
danach nie wieder, bis zum heutigen Tag nicht. Ich glaube einfach, dass Kinder in einer Familie Mann und Frau brauchen,
die unterschiedlichen Geschlechter. So, wie meine Frau die
Männerposition einnimmt, nehme ich eben die Frauenposition
ein. Unsere Kinder reiben sich mit meiner Frau, so wie es andere
wahrscheinlich mit dem Vater tun. Und diese Reibungen sind unerlässlich für die Entwicklung der Kinder. Ich finde das völlig in
Ordnung. Diese Position übernimmt meine Frau, sie macht den
Kindern Vorschriften. Ich kann das gar nicht in dem Maße, so wie
normalerweise wahrscheinlich Mütter ein Problem damit haben.
Wir haben eine so tiefe emotionale Bindung zu diesen Kindern,
weil wir tagtäglich von morgens bis abends immer bereit sind zu
helfen. Auch zu korrigieren, aber in erster Linie sind wir da, um
zu stützen. Das ist ein Verhältnis, das man nur entwickeln kann,
wenn man zu Hause ist. Unabhängig davon, ob Mann oder Frau.

Man muss sich aber meiner Meinung nach stets den Blick über
den Tellerrand bewahren. Anders als die meisten Mütter, die ich

kenne, habe ich jeden Tag zwei Tageszeitungen gelesen. Auch als die Kinder klein waren. Ich habe mich immer engagiert – politisch, sozial und in der Kirche. Ich habe immer am Leben teilgenommen und nicht nur das Mütterchen gespielt.

Unsere Kinder haben sich prächtig entwickelt, sie schreiben Einsen in der Schule, unser Sohn wird in der Klasse »Professor« genannt. Unser Bindung zu viert ist enorm stark und durch die Kinder hat sich die Beziehung mit meiner Frau noch einmal extra gefestigt. Wir sind eine Einheit. Um uns herum ist alles gut. Wir sind rundherum glücklich und fühlen uns pudelwohl.

6

»Tage mit M
sind Mama-Tage«

Stefanie, 42, Stuttgart,
promovierte Maschinenbau-Ingenieurin im Management
Sohn Valentin, 3

Stefanies Vater starb, als sie fünf Jahre alt war. Die Mutter zog die Tochter alleine auf, wodurch diese recht früh lernte, dass eine Ausbildung oder ein Studium essenziell war und nicht brotlos sein durfte. Berufstätigkeit war erst ein Sinnbild für Sicherheit, dann aber auch für Spaß. Sich selbst versorgen zu können, niemals abhängig zu sein zieht sich als Hauptmotiv durch Stefanies Leben. Kinder wollte sie immer haben. Kein Widerspruch, sagt sie, wenn man hart arbeitet, gut plant und einer erfüllenden Arbeit nachgeht. Und wenn man in der Lage ist, gleich nach der Geburt Aufgaben einer Vollzeitstelle nahezu in Teilzeit zu erledigen – in doppeltem Tempo. Um dann drei Monate später wieder Projekte mit Investitionsvolumina bis zu 500 Millionen Euro zu verantworten.

Valentin das erste Mal im Arm zu halten war wunderbar. Ich habe dieses Gefühl sehr genossen, ohne dass es mich in irgendeiner Form verwirrt hat. Manche Mütter berichten über einen Hormon- und Gefühlsüberschwang, der alles außer dem Kind in den Hintergrund treten und den Beruf vergessen lässt. Ich habe gewusst, dass ich beides vereinbaren kann, und mich auch wieder auf die Arbeit gefreut.

Mein Mann und ich haben uns schon lange vor der Geburt um einen Platz in einer Kindertagesstätte gekümmert. Das mussten wir logischerweise tun, weil ich meinem Chef nicht sagen wollte, dass ich nach drei Monaten wiederkomme, solange ich nicht wusste, wie die Kinderbetreuung geregelt sein würde.

Mein Mann und ich hatten uns folgenden Plan überlegt: Ich würde drei Monate zu Hause bleiben, mein Mann zwei. Ein gemeinsamer Urlaub sollte folgen. Sobald Valentin ein halbes Jahr alt sein würde, sollte er für drei Tage in der Woche in die Kinderbetreuung gehen und ich in Teilzeit wechseln.

Mein Chef kannte mich als strukturiert und verlässlich. Als ich ihm von meiner Schwangerschaft erzählte, war er überrascht. Schließlich gehörte ich mit 38 nicht gerade zu den jungen Müttern. Er hat sich jedoch sehr für mich gefreut.

Mein Mann und ich haben tatsächlich so lange mit der konkreten Familienplanung gewartet, weil ein Kind beruflich vorher nie richtig in unsere Strukturen passte. Wir hatten nie diesen ganz zwingenden Kinderwunsch, waren aber auch nicht dagegen. Irgendwann war klar, dass wir uns mit einer Entscheidung nicht mehr ewig Zeit lassen konnten, denn irgendwann ist die Frist abgelaufen.

Wenn man so intensiv berufstätig ist, passt Schwangerschaft eigentlich nie. Bei uns gab es Phasen, in denen es noch schwieriger gewesen wäre. Ich war zwei Jahre in der Unternehmensberatung tätig und jeden Tag unterwegs: Montagmorgens flog ich weg, freitags kam ich wieder nach Hause und am Wochenende wurden schnell die Blusen gebügelt. In dieser Zeit wäre ein Kind gar nicht möglich gewesen. Nach dieser Tätigkeit wechselte ich in meine jetzige Position: ein festes Büro, Dienstsitz Stuttgart in der Nähe meines Mannes, regelmäßige Arbeitszeiten, insgesamt eine deutlich familienfreundlichere Situation.

Managerin in Teilzeit zu sein geht eigentlich nicht. Es funktionierte in meinem Fall nur deshalb, weil ich meine Teilzeitarbeit als vorübergehende Überbrückung organisierte. Ich plante, nach Valentins erstem Geburtstag auf eine volle Stelle zurückzukehren. Zeitlich bin ich sehr gefordert, ich führe ein Team von 23 gut ausgebildeten Mitarbeitern. Die haben Fragen, wollen Arbeitsprozesse abstimmen, müssen sich austauschen. Denen konnte ich nur schwer erklären, dass ich eine Zeit lang nur an drei Tagen vor Ort erreichbar sein würde und sie an den anderen Tagen ihre Fragen per Mail stellen und warten sollten, bis ich wieder im Büro wäre.

Letztlich hat es gut funktioniert, es musste sich nur erst einspielen. Meine Mitarbeiter wussten bald: Die Tage mit M sind Mama-Tage, montags und mittwochs war ich also nicht da. An den übrigen drei Tagen war ich sehr gehetzt, es gab unglaublich viel zu erledigen. Und weil ich alles in den knappen Zeitrahmen packen musste, war ich oft am Rande meiner Kräfte.

Grundsätzlich bin ich in meiner Arbeit so organisiert, dass ich mich nicht ausschließlich von Besprechung zu Besprechung hangele. 60 Prozent meiner Zeit verbringe ich in Meetings, den Rest arbeite ich an meinem Schreibtisch, nehme mir Zeit für den Austausch mit Mitarbeitern. Das ging an den besagten drei Tagen gar nicht, da hetzte ich von morgens halb neun bis abends halb sechs von einem Termin zum nächsten. Vielleicht ist das ja auch das grundsätzliche Problem von Managern, die sehr viel in Besprechungen sitzen, kurz informiert werden, Entscheidungen treffen sollen und gleich das nächste Thema auf dem Tisch haben, ohne große Vor- und Nachbereitung.

So ging es mir in dieser Zeit. Ich hatte das Gefühl, mir wird etwas gezeigt und ich kann nur noch den Daumen hoch- oder runterhalten, dann folgt die nächste Entscheidung. Alles rauschte an mir vorbei. Abends ging ich häufig bereits um halb neun ins Bett.

Es ist alles gut gegangen, ich hatte kein Missmanagement zu verantworten, traf keine Fehlentscheidungen, aber es gehörte auch Glück dazu, dass es so funktionierte. Ich wollte es schaffen, ich wollte beweisen, dass man auch als Mutter im Job weiter funktioniert. An meinen drei Arbeitstagen war ich präsent, offen und freundlich für alle, die mich brauchten. Vollgepackt ist gar kein Ausdruck für diese Tage in der Firma. Trotzdem bin ich immer gern hingegangen und gern geblieben.

Ich hatte auch nicht die ganze Zeit mein Baby im Kopf. Das hätte mich wohl gelähmt. In der Tür zur Firma legte ich den Schalter um und schaltete in den Arbeitsmodus. Dabei war es mir trotzdem wichtig, dass meine Kollegen in mir nicht eine eiskalte Rabenmutter vermuteten. Die sollten ruhig wissen, dass ich im Büro zwar die hundertprozentige Führungskraft, zu Hause aber eine hundertprozentige Mutter war.

Im privaten Umfeld gab es keine Kritik, zumindest keine offen ausgesprochene. Meine ältere Schwester, die ebenfalls beruflich erfolgreich ist, hat mich in meiner Einstellung bestärkt. Und die Schwiegereltern fanden es vielleicht gerade so in Ordnung, sie waren aber auf jeden Fall sehr beeindruckt davon, wie wir die Vereinbarkeit von Baby und Job im Griff hatten.

Ich habe Valentin knapp vier Monate gestillt, dann fingen wir an zuzufüttern. Morgens und abends blieb ich beim Stillen, das ließ sich mit der Arbeitszeit gut kombinieren: bevor ich das Haus verließ und abends, wenn ich wieder zurück war. Die Umstellung funktioniere gut. Der Milchfluss versiegte nicht und tagsüber hatte ich keine Probleme mit einer übervollen Brust, die mir in den Konferenzen nasse Blusen beschert hätte. Wobei ich auch da nichts dem Zufall überließ und genau darauf achtete, mehrere Lagen Kleidung übereinander anzuziehen. Abgestillt habe ich dann nach einem halben Jahr, als eine mehrtägige Dienstreise anstand.

Die Entscheidung abzustillen ist mir nicht sehr schwer gefallen. Wäre ich nicht verreist, hätte ich Valentin vielleicht noch eine Weile länger die Brust gegeben. Jetzt im Nachhinein mutet es schon seltsam an, dass man für ein Projekt sein Kind abstillt. In diesem Fall passte es aber grob in meine tatsächliche Planung, daher war ich nicht sehr traurig. Ich empfand es als einen Meilenstein und ein kleines Stück Abnabelung ist ja immer auch mit Wehmut verbunden.

Während der Zeit in der Firma litte ich nicht unter Trennungsschmerz von Valentin. Es war eher so, dass ich mich freute, tagsüber in der Erwachsenenwelt sein zu können. Ich genoss es auch, in die Kantine gehen zu können, das Mittagessen gekocht zu bekommen und sich auf das eigene Essen konzentrieren zu dürfen. Zu Hause war alles vom Rhythmus meines Sohnes dominiert, was ja absolut berechtigt ist. Dafür genoss ich die Stunden, in denen es nur um mich ging.

Gleichzeitig gibt einem ein Kind so viel. Es ist dieser Wechsel, der so erfüllend ist. Dass man tagsüber einfach andere Bedürfnisse stillen kann, die nach Selbstbestätigung und nach Erfolg. Zu Hause werden dann wieder ganz andere Themen angesprochen, es gibt unterschiedliche private wichtige Aufgaben und Erfolgserlebnisse und es werden ganz andere Wesenszüge gefordert.

In den Monaten, in denen ich ausschließlich zu Hause war, wurden mir die Tage zeitweise doch recht lang. Ich erzählte Valentin viel, sprach stundenlang mit ihm. Es war sehr still im Haus und ich dachte, das Baby müsse doch auch Input kriegen, damit es ihm nicht langweilig wird. Es war seltsam, ein kleines Menschlein vor sich zu haben, das noch nicht sprechen konnte. Also fing ich an, ihm Dinge zu erzählen, und kommentierte für uns beide alle Schritte, die wir im Haus unternahmen: Kochen, Wäschewaschen, Aufräumen. Dazu sang ich den ganzen Tag Lieder, um mehr Leben in unseren Alltag zu bringen.

Ich langweilte mich auf keine Weise, aber eine gewisse Einsamkeit war schon da. Ich musste unter Leute. Deshalb hielt ich zu anderen Müttern Kontakt. Aus dem Geburtsvorbereitungskurs hatte sich eine sehr nette Gruppe ergeben. Wir trafen uns ein- oder zweimal in der Woche, zur Krabbelgruppe und zur Babymassage. Als die anderen gemeinsam zum Pekip-Kurs gingen, klinkte ich mich aus. So viele Baby-Aktivitäten brauchte ich für uns nicht und außerdem war ich schon wieder auf dem Sprung in den Beruf zurück.

Bei den anderen Frauen spürte ich eine gewisse Angst vor dem Wiedereinstieg, keine hatte vor der Geburt so klare Verhältnisse schaffen können wie ich. Die Sorge vor der ungewissen Zukunft, vor den Schwierigkeiten mit der Doppelbelastung wachsen mit der Länge der Auszeit. Ich wusste dagegen die ganze Zeit über, wann mein erster Arbeitstag sein würde. Daher konnte ich die Zeit zu Hause wie einen langen Urlaub genießen, auch wenn es manchmal wenig Schlaf gab. Alles war absehbar.

Die anderen Frauen setzten mindestens für ein Jahr aus. Daher wuchs bei ihnen die Angst. Sie hatten keine Ahnung, wie sie einen Wiedereinstieg mit den Aufgaben zu Hause kombinieren sollten, sie waren nicht auf dem Laufenden, wie sich das Unternehmen weiterentwickelt hatte, es fehlte der Kontakt zu Kollegen und Chefs. Mir blieb mein Arbeitgeber vertraut. Es saß niemand auf meinem Stuhl, es gab auch keinen Vertreter, denn das hätte sich für die paar Monate nicht gelohnt. Gut für mich. Ich musste daher nicht um meine frühere Position kämpfen, sondern setzte mich einfach wieder auf meinen Platz.

Der Preis ist sicherlich, dass einem immer wieder das Herz schwer wird – zum Beispiel morgens, wenn man sein Kind im Kindergarten abgibt. So geht es mir auch heute noch, wenn Valentin keinen so guten Tag hat. Wenn er, immer noch schüchtern, an meinem Rockzipfel hängt und weint. Da ist es nicht leicht, ihn bei anderen Menschen zu lassen und in meine Bürowelt zu entschwinden.

Als er mit einem halben Jahr in der Krippe betreut wurde, gab es dort mehrere Kinder in seinem Alter. Und die Anwesenheit von Lara, Tizian und Maja, die mit Schnuller im Mund nebeneinander auf der Matratze lagen, machte es ihm leichter. Es war rührend, wenn sich die Babys gegenseitig an der Hand nahmen. Zu sehen, dass sie sich – obwohl noch so klein – schon mit der Situation arrangierten und sich untereinander mochten und hielten.

Bei dem Versuch, Familie und Beruf unter einen Hut zu bekommen, ist der Austausch mit Gleichgesinnten eine wichtige Stütze, gerade dann, wenn es einmal nicht so rund läuft. Im Verband berufstätiger Mütter kann man auch mal gemeinsam schimpfen und jammern, wenn es sein muss. Die Probleme sind überall ähnlich, es gibt gute Tipps untereinander. Berufstätige Frauen sollten sich vernetzen.

Wirklich leicht war unsere Situation nie. Zeit fehlt an allen Ecken und Enden. Für mich, für uns drei als Familie, für uns beide in der Beziehung. Die Tage sind anstrengend, sie zehren an der Kraft. Abends begegnet man sich dann auf allen vieren, man spricht entweder über das Kind oder über den Beruf. Das Leben besteht eigentlich nur aus diesen beiden Themen. Gemeinsame Hobbys wie Motorradfahren gehören der Vergangenheit an. Dass wir mit leuchtenden Augen von einer gemeinsamen Tour zurückkommen, vieles erlebt haben und ausgiebig darüber sprechen können, das gibt es nicht mehr.

Natürlich könnten wir einen Babysitter engagieren. Aber so viel, wie wir berufsbedingt weg sind, möchten wir die Zeit, in der wir nicht arbeiten, mit Valentin zu Hause verbringen – aus dem Gefühl heraus, dass die gemeinsame Zeit sowieso schon zu kurz kommt. Die Prioritäten haben sich verschoben. Ich würde es nicht übers Herz bringen zu sagen: »Hab einen schönen Abend, jetzt kommt der Babysitter, Papa und ich gehen jetzt aus.« Mein Mann und ich sind uns darüber einig.

Bin ich undankbar, weil ich unsere Zweisamkeit vermisse? Es ist erlaubt, finde ich. Und auch hier arbeiten wir an einer Lösung. Es ist kein essenzielles Problem, wir müssen nicht jedes Wochenende Partys feiern, ich bin eine späte Mutter und mein Mann ist noch einmal sechs Jahre älter als ich. Die wilden Zeiten haben wir hinter uns. Wir haben uns angeguckt und gemeinsam festgestellt, dass wir all die Jahre genug getobt haben. Aber ab und zu muss es uns auch als Paar geben, nicht nur als Eltern oder Arbeitnehmer.

Unser Modell funktioniert nur, weil wir uns beide einig sind. Ich bin mir ganz sicher, dass es unendlich wichtig für Frauen ist, sich den Partner genau auszusuchen, mit dem sie Kinder haben möchten. Und sich rechtzeitig mit ihm darüber zu verständigen, ob Pläne und Bedürfnisse zueinanderpassen. Natürlich kann man das vorher nur abstrakt diskutieren, manches läuft später sowieso anders. Aber über das Grundmodell waren wir uns einig. Mein Mann wollte immer eine gute Beziehung zu seinem Kind aufbauen, er wollte die gemeinsame Zeit. Ihm war es aber auch wichtig, dass ich wie er berufstätig bin. Er ist nicht der Versorger, der darin aufgeht, das Geld alleine nach Hause zu bringen. Er findet es gut, dass ich mein eigenes Geld verdiene. Jeder von uns hat sein eigenes Konto und wir investieren in alles partnerschaftlich: sowohl finanziell in gemeinsame Anschaffungen als auch emotional in unsere Familie. Wir trennen alles und teilen es aber auch.

Dieses Prinzip ist bei uns ein Schlüsselfaktor. Mein Mann hat sich immer mit mir über meinen beruflichen Aufstieg gefreut – nicht wegen des Geldes, sondern wegen der Anerkennung und der Entwicklung, die mir wichtig waren. Als die Familienplanung anstand, war für uns beide klar, dass man beruflichen Erfolg nicht einfach aufgibt, sondern die Aufgaben in der Familie und das Glück teilt. Vielleicht ist es diese Erkenntnis, die unser Rezept aufgehen lässt. Ich habe unser Lebensmodell noch nie bereut, so sehr ich auch an meine Grenzen gestoßen bin. Ich habe eine Freundin, die oft darüber klagt, sie fühle sich ständig hin- und hergerissen. Man kann einfach nicht alles hundertprozentig machen, auch wenn man diesen Anspruch hat. Das habe ich akzeptiert und ich fühle mich nicht zerrissen. Meine Leistung ist gut, alle sind zufrieden. Wofür soll ich mich zermartern?

Wenn Valentin in der Kita Fieber bekommt, klingelt das Telefon zuerst bei mir. Ich muss dann aus den Besprechungen rausgehen, meinen Mann erreichen und mit ihm gemeinsam in den Kalender schauen. Wir sprechen darüber, wo er gerade ist, was er macht und ob beziehungsweise wann er wegkann. In unserer Kita ist es zum Glück normal, dass Eltern nicht sofort springen, wenn das Kind hustet. Die sind dort daran gewöhnt, dass Eltern, die ihre Kinder ab einem Alter von zwei Monaten bringen, beruflich sehr eingespannt sind und lange Betreuungszeiten brauchen.

In unserem Fall handelt es sich um eine private Kita, die diese Flexibilität ermöglicht. Ein Platz dort kostet deutlich mehr als in einer kommunalen Einrichtung. Bevor jetzt alle auf die Wohlstandsgesellschaft schimpfen: Bei den echten Eliten verdient der Mann dreimal so viel Geld wie ich und die Frau braucht gar nicht mehr zu arbeiten, sie möchte es auch gar nicht. Wir dagegen gelten durchaus als arbeitsverrückt. Hier im Stuttgarter Raum gibt es mehrere Familien, die sich für drei Kinder entscheiden, die sie dann mit einem sehr großen Auto um neun in die Kita befördern und zum Mittagessen gleich wieder abholen. Die Frauen, die mir ähneln, bringen ihren Nachwuchs morgens mit dem Laptop im Rucksack. Die haben einfach Spaß an der Arbeit, sie sind gut ausgebildet und haben einen anspruchsvollen Beruf.

Unser Modell ist gut, es funktioniert. Wir können uns durchaus ein zweites Kind vorstellen. Ändern würden wir unser Leben nur wenig, eher in Nuancen variieren: Beim zweiten Mal würden wir beide in eine Vier-Tage-Woche gehen. Bei Valentin arbeitete mein Mann fünf Tage, während ich mit dreien wieder eingestiegen bin. Wir fanden es gut, dass Valentin im Alter von sechs Monaten nur drei Tage in der Kita war und wir auch Werktage mit ihm verbringen konnten. In der Zeit habe ich aber gemerkt, dass drei Tage im Büro für mich zu wenig waren.

Unser Einfluss auf die endgültige Zukunftsplanung ist allerdings in einer Hinsicht begrenzt. Denn Kinder kann man gut planen und organisieren, aber leider nicht bestellen.

7

»Karriere hat nie wirklich gut geschmeckt«

Thomas, 52, Köln, Diplom-Betriebswirt, Prokurist
Tochter Friedel, 29
Sohn Rob, 26

Thomas war ein politischer junger Mann, er lebte in der Alternativszene und war fest entschlossen, niemals lohnabhängig zu arbeiten. Er wollte nicht konventionell sein, sondern lieber ein Leben führen, in dem Menschen Dienstleistungen tauschen, Gemüse hinterm Haus ernten und gleichberechtigt leben.

Thomas jobbte, um über die Runden zu kommen. Seine spätere Frau war bodenständiger. Sie arbeitete festangestellt als Erzieherin und verdiente den Familien-Lebensunterhalt, er kümmerte sich unterdessen um die beiden gemeinsamen Kinder. Bis seine Frau ihn arbeiten schickte.

Es war ein Projekttreffen Anfang der Achtzigerjahre, auf dem wir uns kennenlernten: Rund hundert Leute verschiedener Generationen wollten gemeinsam einen Bauernhof beziehen und bewirtschaften. Meine zukünftige Frau war ebenfalls an diesem alternativen Leben interessiert, jedoch wollte sie eine gewisse Bodenhaftung nicht verlieren.

Ich war zu der Zeit ein eifriger Student, hatte bereits mein Diplom als Betriebswirt in der Tasche und war nun an der Universität in Berlin für Neuere Geschichte, Politik und Skandinavistik eingeschrieben.

Letztendlich klappte es mit dem Bauernhof-Projekt nicht – zu viele Leute mit zu unterschiedlichen Vorstellungen von einem gemeinsamen Leben. Liesel und ich verwirklichten unseren Plan dann privat und zogen auf einen Bauernhof in der Nähe von Bremen. Wir waren uns darüber einig, dass einer von uns beiden für eine Zeit zu Hause bleiben würde. Mit meiner Frau kam die kleine Friedel in mein Leben, sie war acht Monate alt, als wir uns kennenlernten.

Meine Frau war immer berufstätig gewesen. Während sie vormittags im Kinderladen arbeitete, war ihre Tochter bei Freunden untergebracht. Später übernahm ich die Vaterrolle und den Haushalt. Vieles machte ich damals nach Gefühl. Ich war bestimmt sehr unbedarft und es war sicherlich nicht alles richtig. Aber es gab nie Probleme und an Liebe und Engagement hat es unserer kleinen Familie nie gemangelt.

Ich war damals Anfang 20 und freute mich, dass mein Wunsch, möglichst früh Vater zu werden, so rasch geklappt hatte. Dass Friedel nicht meine leibliche Tochter war, störte mich nicht, für mich war sie wie gerade neu geboren. Ich war immer der Meinung, dass man alles möglich machen kann, wenn der Wille groß genug ist. Das habe ich früher beim Sport als Jugendlicher so erfahren und diese Einstellung hat mein ganzes Leben durchzogen.

Ich genoss die Väterzeit so sehr! Morgens frühstückten wir alle gemeinsam, Liesel fuhr zur Arbeit, ich zog Friedel eine frische Windel an und dann gingen wir los, um die Welt zu entdecken. Wir fuhren sehr viel mit dem Fahrrad an der Weser lang, spielten, statteten dem Kinderladen Besuche ab und zwischendurch wurde die Wäsche gewaschen und ab und zu auch mal sauber gemacht. Der Haushalt stellte mich vor keine allzu großen Herausforderungen: Liesel ließ mich machen. Wir hatten damals keine Klamotten, die gebügelt werden mussten, und penibel waren wir auch nicht. Es war viel zu tun, aber wir waren niemals unter Druck und hatten einfach viel Zeit füreinander.

Mein Vater hatte sich seinerzeit für die Karriere entschieden. Als meine Schwester und ich klein waren, sahen wir ihn ausschließlich am Wochenende. Er war immer die Autoritätsperson im Hintergrund. Um unsere tägliche Erziehung und die Schularbeit kümmerte sich unsere Mutter. Mir fehlte der Mann im Alltag, ein Vater, der auch nachmittags mit mir etwas unternommen hätte, etwas Männermäßiges, Cooles. Ich erinnere mich an ein Wochenende, an dem mein Vater mit mir und meiner Schwester irgendwo hinfuhr und mit uns Fußball spielte. Das habe ich nie vergessen, weil es etwas so Besonderes war, dass mein Vater sich sportlich betätigte – und dann auch noch mit uns. Uns hat er immer viel ermöglicht und uns allen Sport machen lassen, den wir wollten. Aber die Gemeinsamkeiten fehlten. Er war meist erschöpft von der Arbeit, legte sich samstags manchmal einfach aufs Sofa und machte die Augen zu. Ich glaube, ein Kind braucht ab und zu eine männliche Bezugsperson, um sich zu reiben. Meine Mutter war zwar streng, aber im Kern der weichere Elternteil.

So war es dann später auch bei mir und meiner Frau, wir übernahmen völlig unterschiedliche Funktionen bei den Kindern. Und die von mir männlich geprägte war eine nicht minder wichtige. Männer bringen eine gewisse Selbstverständlichkeit mit in die Erziehung und den Alltag, sie sind nicht so angreifbar wie Mütter. Wir suchen uns auch eher intellektuellen Ausgleich als manche Frauen, die sich mit nichts anderem mehr auseinandersetzen können und wollen als mit dem Thema Kind.

Man muss sich Freiräume suchen. Von meiner Mutter habe ich immer gehört, wie schwierig und aufwendig Haushaltsführung ist. Meine Erfahrung ist eine völlig andere. Wenn es zum Beispiel beim Saugen im Rohr knistert, dann lohnt es sich. Und nicht vorher, wenn man den Dreck nur erahnt. Man muss sich nicht tagtäglich mit dem Saubermachen beschäftigen. Man kann die Wäsche auch nebenbei machen, ohne sie zur Lebensaufgabe zu erklären, und man muss nicht jede Unterhose bügeln und falten. Ich habe viele Sachen einfach nebenbei gemacht. So, wie ich es erledigt habe, war es gut genug für unsere Familie. Wir hatten nicht viel Geld, keinen großen Besitz, der penibel gepflegt werden musste. Bei uns war ein Kratzer auf dem Tisch oder ein Fleck auf dem Sofa kein Drama.

Heute haben viele Menschen schon einen gewissen Lebensstandard, bevor sie Kinder haben. Da stehen dann auch wertvolle Sachen in der Wohnung. Wenn bei uns eine Lampe kaputtging, dann besorgten wir eben eine neue. Die Frage ist doch, welchen Wert man den Dingen beimisst. Es ist mit Sicherheit nicht erstrebenswert, dass Kinder mit einem Packmesser am Teppich herumschnitzen. Das hätte auch mir nicht gefallen. Aber nicht, weil der Teppich so wertvoll war, sondern die Gefahr für die Kinder zu groß. Wenn es mir unglaublich wichtig gewesen wäre, dass es bei uns zu Hause immer staubfrei und klinisch rein ist, dann hätte ich auch eine Menge zu tun gehabt.

Ich war immer unterwegs, aber das meiste hat mir großen Spaß gemacht und mich nicht sehr gestresst. Ich war mit den Kindern in Turn- und Spielgruppen. Mit den Müttern dort unterhielt ich mich einfach nicht über Windeln und Schnuller, sondern sprach andere Themen an. Wir bewegten uns nach wie vor in eher alternativen Kreisen, wo man sich auch über Politik unterhalten konnte. Liesel arbeitete als Erzieherin in Kindergärten, in denen die Mütter sich nur um sich und ihre Kinder drehten. Das muss man einfach durchbrechen. Man muss es auch durchbrechen wollen. Ich habe andere Themen offeriert, und wenn dies nicht interessant genug war oder die Leute sich über etwas anderes unterhalten wollten, habe ich mich zurückgezogen. Man sollte niemanden zwingen. Aber ich wollte meinen Kopf nicht nur auf Brei und Windelinhalte reduzieren.

Da ich, der Hausmann, als Exot galt, hatte ich ein wenig Narrenfreiheit. Ich gebe zu, dass mir diese Rolle gefallen hat, uneitel bin ja auch ich nicht. Aber Hahn im Korb ist kein Dauerzustand. Nach ein paar Monaten hatte jeder verstanden, dass unser Modell kein Intermezzo, sondern ein Dauerzustand war. Damit gehörte auch ich zum normalen Alltag. Ich war durchaus gleichberechtigt unter all den Müttern, aber es gibt einfach manche Themen, die Männer nicht gleichermaßen interessieren. Ich konnte und wollte mich nicht an den Überlegungen beteiligen, welcher Kuchen für welches Familienfest gebacken werden sollte und wie man ihn am schönsten dekorierte.

Die Väterzeit gab mir persönlich sehr viel, ich lernte vieles kennen, von dem ich mit Sicherheit weiß, dass mein Vater das nie erlebt hat. Beispielsweise wie es ist, mit einer Vierjährigen Fahrrad zu fahren, die plötzlich eine Entdeckung macht, die Hände hochreißt und schwer stürzt. Oder wie es ist, das Kind dann zu trösten, Wunden zu pflegen und Nächte zu durchwachen. Wie es ist, sich Geschichten auszudenken. Wie es ist, gemeinsam Abenteuer zu erleben, durch den Wald zu brettern – ein Kind auf dem Gepäckträger, eines auf dem Lenker – und dann Baumhäuser zu bauen. Wie es ist, dem tagtäglichen Genöle zu entgegnen, wenn das Essen nicht schmeckt und Pflichten nicht erledigt werden wollen. Wie man mit Langeweile der Kinder umgeht und sich dann aufrafft und mit ihnen den Tag sinnvoll nutzt, voller Spaß und voller Liebe. Und wenn man dann rückblickend feststellen kann, dass diese Zeit der Grund dafür ist, dass man später ein sehr inniges Verhältnis zu seinen Kindern hat. Wunderbar ist das!

Liesel und ich wollten gerne noch ein Kind. Das klappte relativ schnell. Rob wurde geboren und die Probleme kamen, als er abgestillt war. Es begann eine dramatische Zeit, die uns alle an unsere Grenzen führte. Rob erkrankte dramatisch an Neurodermitis, er kam nicht zur Ruhe, er kratzte sich. Ständig. An den Beinen, an Armen, im Gesicht, am Brustkorb, am Po, egal wo, er kratzte sich und verletzte sich dadurch. Dazu kam dann noch eine Hyperinfektion im Gesicht: Der Körper hatte nicht mehr genug Abwehrkräfte, um den Heilungsprozess voranzutreiben. Es war hochinfektiös, die ganze linke Gesichtshälfte sah aus wie ein furchtbarer Herpes.

Rob wurde von den Ärzten als »nicht lebensfähig« eingestuft. Man hat ihn auf viele Sachen getestet und es stellte sich heraus, dass er gegen alles allergisch war: Hausstaub, Mehl, Zitrusfrüchte, Nüsse, egal was, Rob reagierte allergisch. Keine Hoffnung, keine Heilung, keine Hilfe. Nach einer langen Odyssee haben wir einen Arzt gefunden, der uns von einer bestimmten Heilnahrung berichtete. Dieses Mittel bekamen sonst Kleinkinder, die Schwierigkeiten mit dem Übergang vom Stillen zur Beikost hatten. Diese

Nahrung, ein simpler Brei, konnte man mit Birnensirup ein bisschen süßen, das war das Essen meines Sohnes für die folgenden zwei Jahre. Nichts anderes.

Rob hat das alles mitgemacht, bis er dann eines Tages unter dem Tisch saß, um unsere Brötchenkrümel aufzufangen und zu essen. Da war uns klar, dass es reichte, es ging nicht mehr. Wir probierten Stück für Stück normale Lebensmittel aus, warteten seine Reaktionen ab, probierten neu, verwarfen wieder, cremten ihn rund um die Uhr mit Zinksalbe ein, kämpften. Dann hatten wir ihn halbwegs stabilisiert. Mit unendlich viel Liebe, Geduld und Willenskraft hatten wir es alle zusammen geschafft, dass dieser Junge ein halbwegs normales Leben führen konnte. Heute ist er 26 und es geht ihm gesundheitlich gut.

Die Zeit war für mich als Vater nicht einfach, gerade weil ich die Verantwortung hatte und wochenlang nicht durchschlief. Wenn einen die Sorge umtreibt und man wach neben dem Kind liegt und versucht, es davon abzuhalten, sich zu kratzen. Wenn man es immer wieder aufs Neue hochnimmt, tröstet, eincremt, beruhigt. Es gab sicherlich Momente, in denen ich mir wünschte, einmal wieder durchzuschlafen. Aber im Endeffekt war die Liebe zu meinen Kindern so groß und stark, dass mir immer klar war: Der Wurm kann ja nichts dafür und wir sind schließlich dazu da, ihm zu helfen. Ich habe nie daran gezweifelt, dass wir das irgendwie gemeinsam hinbekommen.

Dann zogen wir nach Kiel. Friedel kam in die Schule, sie war sechs und Rob drei. Liesel arbeitete ganztags in einer sozialen Einrichtung. Dass sie die einzige Verdienerin war, gefiel ihr immer weniger. Eines Tages erklärte sie mir, ich hätte eine vernünftige Ausbildung und solle ebenfalls arbeiten gehen. Ich wehrte mich monatelang. Mein Leben mit den Kindern fand ich wunderschön und freute mich bereits darauf, gegen die Lehrer in Friedels Schule zu wettern. So wie ich das früher immer machen wollte und nicht konnte und wie es meine Eltern nicht gemacht haben. Außerdem sah ich keine Notwendigkeit, unbedingt arbeiten zu gehen. Ich fing dann bei einem Versandhaus als Packer in der Nachtschicht an. Ich begann um 23 Uhr und kam um sechs Uhr morgens wieder nach Hause, dann fuhr meine Frau zur Arbeit. Sie reduzierte ihre Stunden, damit sie mehr Zeit mit den Kindern verbringen konnte.

Vormittags kam für Rob ein Kindermann. Das ergab sich zufällig. Es war eine ganz schöne Belastung für unsere Haushaltskasse, denn wir zahlten ihm damals zehn Mark die Stunde. Ein hoher Kurs, aber wir waren der Meinung, dass diejenigen, die etwas für uns tun, auch anständig bezahlt werden sollten, selbst wenn wir selbst nicht richtig bezahlt wurden. Das klingt so edel, hilfreich und gut, aber wir haben wirklich immer versucht, so zu leben, auch heute noch. Es tut durchaus weh, diese Einstellung in dieser Gesellschaft über so viele Jahre durchzuhalten. Man lässt Federn und muss sich eingestehen, dass es nichts bringt zu missionieren und dass man damit leben muss, dass die meisten Menschen anders sind.

Nach einem halben Jahr Nachtschicht wurde mir eine Festanstellung am Tag angeboten. Widerwillig nahm ich das an – zunächst für ein Jahr. Daraus wurden dann 24 Jahre auf der Karriere-Leiter. Ich wurde bald Gruppenleiter, dann kommissarischer Leiter der Abteilung, dann offizieller Leiter. Von der Logistik wechselte ich ins Marketing, übernahm die Leitung der Auslandsabteilung, betreute Tochterunternehmen und Partner, wurde in der Schweiz Geschäftsführer und bin heute Prokurist.

Karriere hat mir eigentlich nie geschmeckt. Ich war aber der Meinung: Wenn ich schon arbeiten muss, dann möchte ich auch mitentscheiden. Das war meine Triebfeder. Ich habe Anzüge immer vermieden und trage schon seit Jahren keine Krawatten mehr und auch in der Besprechung lieber Jeans.

Ich weiß nicht, wie sehr mich meine Väterzeit hinsichtlich Struktur- und Organisationsvermögen geprägt hat. Aber ich habe oft bescheinigt bekommen, dass ich ein sozial denkender Mensch bin und immer ein offenes Ohr habe. Wenn ein Mitarbeiter zu mir kommt und bittet, wegen des Kindes früher gehen zu dürfen oder einen Tag Urlaub zu bekommen, schicke ich ihn sofort nach Hause. Es ist meine Lebenseinstellung, die Kinder vor den Beruf stellt.

Meine Frau und ich haben 1996 geheiratet – aus steuerlichen Gründen, als ich begann, sehr gut zu verdienen. Seit zwei Jahren leben wir nun getrennt.

Ich glaube, dass meine Ehe ein Stück weit darunter gelitten hat, dass ich mit meiner Familie aus beruflichen Gründen sehr oft den Wohnort wechseln musste. Es waren zwar immer gemeinsame Entscheidungen, aber trotzdem waren sie nicht immer einfach.

Rob begann seine Ausbildung, weshalb er nicht mehr mit umziehen konnte, und Liesel und ich entschieden uns für eine Fernbeziehung. Ich kam nur noch an den Wochenenden nach Hause. Auch dann arbeitete ich aber nur, ich konnte weder den Laptop noch meinen Kopf ausschalten.

Friedel wohnte zu der Zeit schon nicht mehr bei uns und Rob zog mit seinen Kumpels um die Häuser. Meine Frau und ich entschieden halbwegs friedlich: Wir trennen uns und schauen, ob wir doch noch einen gemeinsamen Weg finden. Jetzt sehen wir uns alle zwei, drei Wochen, wir gehen zusammen essen, schreiben uns alle zwei Tage eine SMS oder eine Mail und haben einen sehr, sehr engen Kontakt.

Die intensive Zeit mit meinen Kindern hat die Basis für alles gelegt, was danach kam. Das kann uns niemand nehmen. Für mich war es unsagbar schön und wertvoll. Rob ist heute ein sehr introvertierter Typ. Wir beide suchen uns ein-, zweimal im Jahr eine Stadt aus, in der wir ein Wochenende zusammen verbringen.

Friedel ist verheiratet und lebt in den USA. Wir telefonieren jede Woche und schreiben uns ständig Mails. Sie ist das Gegenteil ihres Bruders, sehr extrovertiert. Wenn ich am Telefon nicht manchmal Einhalt gebieten würde, käme ich gar nicht zu Wort. Während ich zu Rob eine mehr emotionale Ebene habe, ist die Beziehung zu Friedel eine sehr intellektuelle. Wir können uns über viele Sachen auseinandersetzen und fetzen.

Für meine beiden Kinder bin ich »Vatta Maec«. Maec wurde ich seit Studentenzeiten von meinen Freunden genannt. Das »Vatta« ist in unserer Zeit am Bodensee hinzugekommen, so klingt »Vater« im badischen Dialekt.

Meine Kinder machten daraus »Vatta Maec« und so heiße ich wohl noch, wenn ich grau und tatterig bin. Ein Spitzname, aus dem ich die Liebe meiner Kinder zu mir höre. Mehr Worte sind für unsere Verbindung gar nicht nötig.

8

»Mein Beruf bedeutet Anerkennung«

Katharina, 32, Bispingen, Knigge-Trainerin
Sohn Maximilian, 7
Tochter Antonia, 4

Es ist leichter, wenn einen die eigene Erziehung so geprägt hat, dass im Leben Karriere und Kinder zusammengehören müssen. Katharinas Eltern und Großeltern waren immer berufstätig, sie kannte es nicht anders. Streng, liebevoll, aber niemals von einer Vollzeitmutter oder einem Vollzeitvater erzogen – so wuchs sie auf. Mit der wichtigen Erkenntnis, dass eine beruflich erfolgreiche Mutter oder ein ehrgeiziger Vater keine schlechteren Eltern sind. Das bildet die Basis dafür, dass sie sich heute selbst erlauben kann, dass die Sehnsucht nach Erfüllung im Beruf mindestens so wichtig sein darf wie die Kinder. Doch bis zu dieser Erkenntnis war es ein langer und steiniger Weg.

Der Grund, weshalb sie heute offen erzählt, ist der Wunsch, es möge anderen Müttern besser ergehen. Frauen sollten in dieser Gesellschaft dazu stehen dürfen, dass sie beruflich erfolgreich sein und anerkannt werden wollen.

W ir Frauen sind wohl psychologisch unterbewusst so gesteuert, dass wir unseren Mann unter anderem danach aussuchen, ob er die Familie ernähren und ob er ein guter Vater sein könnte.

Als ich schwanger wurde, führten wir eine Fernbeziehung: Mein Mann arbeitete in Frankfurt, ich in London als Motivationstrainerin für eine internationale Hotelkette.

Ich bildete Trainer für Häuser in allen Ländern aus. Es war eine Vollzeitstelle, 14- bis 16-Stunden-Tage waren keine Seltenheit. Als ich meinem Arbeitgeber mitteilte, dass ich ein Kind erwartete, gab man sich keine große Mühe, mir schonungsvoll beizubringen, dass meine Arbeit damit beendet sei. Als Halbtagsstelle wäre meine Tätigkeit nicht durchführbar gewesen, das war mir auch klar.

Mein Mann und ich zogen dann in Deutschland zusammen, wir heirateten und ich jobbte hier und da ein bisschen. Ich war bei einer Zeitarbeitsfirma unter Vertrag, bis Maximilian zur Welt kam. Immer wieder bekam ich Anfragen von Hotels, wann ich wieder auf dem Markt wäre. Mir wurde klar: Ich musste mich selbstständig machen, solange es noch so großes Interesse an meinen Fähigkeiten gab, um in meiner Branche endlich wieder selbstbestimmt arbeiten zu können.

Mein Mann saß bei seiner Firma in Frankfurt fest im Sattel, wir hatten deshalb keine große Wahl, was unseren Lebensmittelpunkt anging. Ich krempelte gedanklich die Ärmel hoch. Dass ich schon mit der Schwierigkeit bei der Vereinbarkeit von Familie und Beruf konfrontiert werden würde, als das Baby noch nicht einmal auf der Welt war, hätte ich nicht gedacht. Bei anderen Frauen hatte ich durchaus schon beobachtet, dass Beruf und Kind nebeneinander funktionieren, und war bis dato der Meinung, es sei ein Kinderspiel weiterzuarbeiten, wenn man nur gut ausgebildet ist. Dass man aber doch Steine in den Weg gelegt bekommt – gerade in einer Männerdomäne wie den Hoteldirektionen und Chefetagen der großen Häuser –, war dann doch ein Schock für mich.

Trotzdem versuchte ich, mich nicht zu sehr einschüchtern zu lassen und das Beste aus der Situation zu machen. Ich ging in die Offensive, nahm das Schicksal sozusagen an.

Maximilian wurde in Frankfurt geboren. Mit Baby im Arm wollte ich langsam meine Selbstständigkeit aufbauen. Mein großes Glück war, dass ich bis dato schon mit einem von Deutschlands berühmtesten Sterneköchen zusammengearbeitet hatte. Er war ein konstanter Auftraggeber.

Als mein Sohn sechs Wochen alt war, nahm ich einen Job für einen großen Kulturmäzen an. Ich sollte für ihn das Privatcatering organisieren. Das bedeutet: Ein Kunde lädt einen kleinen Kreis von wichtigen Leuten zu sich ein und übergibt mir vorher den Schlüssel zu seinem Haus. Ich organisiere die Feier für die Gastgeber, das bedarf unendlich viel an Feingefühl, denn in dem Moment, wo die Gäste eintreffen, muss ich unsichtbar werden und im Hintergrund als Ansprechpartnerin zur Verfügung stehen. Ich muss dann den Hausherrn hervorragend aussehen lassen. Das sind Herausforderungen, die immer wieder neu, immer wieder spannend sind.

Es gibt Mütter, die unter der Doppelbelastung Kind und Beruf leiden. Ich habe dank einer sehr guten Hebamme gleich nach der Geburt sehr schnell verstanden, dass mein Kopf diese Arbeit braucht, damit ich nicht krank werde. Maximilian und ich führen heute eine wunderbare Beziehung. Sie wurde uns aber keineswegs geschenkt, wir mussten sehr dafür kämpfen, dass wir beide uns so nah werden konnten. Diese Bindung zu meinem Kind flog mir nicht so zu wie anderen Müttern. Wir arbeiten ständig daran.

Die Gefühle gleich nach der Geburt waren ganz anders, als andere Frauen es mir vorausgesagt hatten: Es war nicht so, dass mein Leben mit Baby von jetzt auf gleich besser wurde und dadurch für mich optimal war. Ich verstand nicht, was mit mir, mit uns emotional passierte und konnte nur schwer damit umgehen. Das Problem ist leider, dass man sehr allein dasteht, wenn man der Erwartungshaltung an das glückliche Mütterbild nicht entspricht. In meinem Fall hat mich die sensible und vorausschauende Betreuung durch die Hebamme gerettet.

Ich organisierte meine Arbeit um das Baby herum. Das war mein Anker, den ich nie losließ. So hatte ich auch genug Kraft, mich auf mein Kind einzulassen und Zeit für uns beide zu finden und sie zu nutzen.

Anfangs war es leicht, Maximilian hat natürlich noch viel geschlafen. Ich war hochmotiviert für meine beruflichen Pläne: Noch während der Schwangerschaft war mir im privaten Umfeld – auch in den Vorbereitungskursen – aufgefallen, wie vielen Menschen die Grundbegriffe des guten Umgangs fehlen. Da wird kaum gegrüßt, die Essensmanieren sind ein Desaster und Kleiderordnung scheint ein Fremdwort zu sein.

Ein Benimm-Trainer könnte nicht schaden, dachte ich mir und suchte nach einer Ausbildung dafür. Während der Schwangerschaft lernte ich in Abendkursen, die Prüfung zur Trainerin legte ich ein halbes Jahr nach der Entbindung ab.

Erziehung fängt nicht erst an, wenn das Kind am Tisch sitzt. Sie beginnt bereits mit einem frühen Rhythmus und Strukturen. Das Kind wird gefüttert, dann schläft es. Mein Sohn brauchte diesen Rhythmus und ich nutzte ihn für meine Arbeitswelt. Morgens nach dem Frühstück legte ich ihn in meinem Arbeitszimmer in sein Bettchen. Wenn er schlief, setzte ich mich an meinen Computer und arbeitete an den Vorbereitungen für die nächste Veranstaltung.

Das Gute in diesem Fall waren die Arbeitszeiten in der Gastronomie: Wenn ich um 18 Uhr das Haus verließ, war mein Mann da. Als leidenschaftlicher Vater genoss er es sehr, die Abende mit seinem kleinen Sohn zu verbringen. Vielleicht ist auch das der Grund, warum er heute eine so außergewöhnliche Beziehung zu seinem Sohn hat. Er durfte Vater sein.

Die Arbeit breitete für mich ein Netz aus, das mich jederzeit auffing. Auf der anderen Seite gab es sicher auch eine Art Druck. Berufstätigkeit hat viel mit Psychologie zu tun und damit, wie man aufgewachsen ist. Ich habe mein Leben lang vorgelebt bekommen, dass es gut ist, wenn Frauen arbeiten. So habe ich auch Wertschätzung verstanden: Man wird für gut befunden und fühlt sich gut, wenn man zu den Frauen gehört, die arbeiten und Kinder und Haushalt als eine Sache neben dem Beruf ansehen.

Immer wenn man mir meine Arbeit weggenommen hat, bin ich in ein Loch gefallen. Das erste Mal passierte es bei Max, das zweite Mal bei Antonia und das dritte Mal, als wir in den Norden umgezogen sind. Ich habe jedoch immer Leute um mich gehabt, die es sehr, sehr gut mit mir meinten: Fachleute, Ärzte und nicht zuletzt ich selbst haben mich ständig scharf beobachtet. Sobald ich das Gefühl hatte, Hilfe zu brauchen, habe ich sie mir gesucht. In diesem Punkt bin ich sehr konsequent.

Ich hatte längere Zeit Schwierigkeiten, mich an die neue Mutterrolle zu gewöhnen und das Ganze emotional zu verarbeiten. Drei

Jahre lang blieb diese wunderbare Hebamme an meiner Seite, die zusätzlich auch Heilpraktikerin war. Als Beraterin mit einem offenen Ohr und Fachkraft war sie unschätzbar. Hätte ich sie nicht gehabt, wer weiß, wie dann mein Leben verlaufen wäre. Denn von der Gesellschaft bekam ich nur Gegenwind, was zur Folge hatte, dass ich mich mit meinen Problemen einsam und einzigartig fühlte.

Nach drei Jahren fragte sie mich, warum ich nicht ein zweites Kind bekäme. Ich antwortete: »Weil Einzelkinder auch sehr glücklich sein können.« Ich selbst habe zwei ältere Geschwister aus der ersten Ehe meines Vaters.

Ich denke, in dem Moment habe ich kopfgesteuert versucht, Gegenargumente zu finden. Max und ich hatten viel Arbeit hinter uns. Die Hebamme ahnte aber ein schlechtes Gewissen und dröselte meinen Seelenballast auf. Ich sollte nicht in die Vergangenheit, sondern in die Zukunft schauen.

Als ich mit Antonia schwanger war, bildete ich mich konsequent weiter, besuchte viele Abendkurse. Mein Ziel war klar: Ich wollte als Trainerin komplett selbstständig arbeiten, nicht mehr in Kombination mit kleinen Festanstellungen, wie ich sie in Frankfurt noch hatte.

Maximilian kam mit zwei Jahren in einen Kindergarten, nachmittags wurde er dort betreut. Somit arbeitete ich ebenfalls am Nachmittag. Er ging gerne dorthin, weil er aus Krabbel-Kreisen an andere Kinder gewöhnt war, und freute sich über die kleinen Spielkameraden.

Bevor Antonia geboren wurde, hatte ich große Angst vor dem drohenden Loch. Die Entwicklungen in Max' neuem Kindergarten veränderten die Situation aber total: Ein paar Wochen, nachdem ich ihn in einer wunderbaren privaten Einrichtung für einen Ganztagsplatz angemeldet hatte, stand der Laden kurz vor der Pleite. Ich krempelte die Ärmel hoch, ließ mich zur Vorstandsvorsitzenden wählen und stellte gemeinsam mit drei anderen

Müttern den ganzen Kindergarten neu auf. Wir wechselten die Räumlichkeiten, stellten Pädagogen ein. Kurz vor Antonias Geburt war die Existenz der Einrichtung gesichert. Das Baby in meinem Bauch war ein guter Motor, denn auch für meine Tochter wollte ich den Bestand des Kindergartens sichern. Sie ist quasi dort hineingeboren, war immer dabei, wenn ich ihren Bruder hinbrachte oder abholte.

Das Erfolgserlebnis unserer privaten kleinen Unternehmensberatung tat mir gut und schützte mich vor besagtem Loch. Es war viel unausgesprochener Druck in meinem Leben. Druck, weitermachen zu müssen, nicht aufhören zu dürfen, sich den Kindern nicht ganz hingeben zu dürfen, sich zusammenreißen zu müssen. Ich habe lange gebraucht, um offen über diese psychischen Schwierigkeiten zu sprechen, mit denen bestimmt viel mehr Mütter zu kämpfen haben, als man denkt. Unsere Gesellschaft will diese Art Schwäche nicht wahrhaben. Man soll möglichst nicht darüber reden. Ich möchte andere Frauen motivieren und Vorbild sein, die Stimme zu erheben, anstatt zu schweigen. Je mehr Mütter dies wagen, desto leichter ist es für die Nachfolgerinnen. Reden bedeutet Stärke und unsere Gesellschaft braucht starke Eltern.

Ich bin von meinen Vertrauenspersonen immer bestärkt worden. Jede berufstätige Mutter ist mehr oder weniger zerrissen, denn jede hat irgendwo ein schlechtes Gewissen, jede denkt, das dürfe nicht sein, jede kennt den Begriff »Rabenmutter«. Schweigen ist genau der Grund, warum heutzutage Depressionen auch im Selbstmord enden können und dann das Umfeld aus allen Wolken fällt.

Ich hatte eine Phase, in der ich versuchte, mich freizumachen, in der ich mir vornahm, meine Zeit ausschließlich mit den Kindern, mit spannenden Hobbys und einem Ehrenamt zu verbringen. Ich versuchte das meinem Mann zuliebe, kurze Zeit nachdem Maximilian geboren war. Man will ja dem, den man am meisten liebt, gefallen. Ich wollte meinem Mann gefallen, der immer gesagt hat: »Geh doch morgens zwei Stunden Tennis spielen und sei abends einfach da. Du brauchst nicht zu arbeiten.« Er verdiente genug, ich hätte keinen Beruf ausüben müssen. Ich versuchte es genau drei Monate, dann wurde ich fast wahnsinnig.

Meine absolute Lieblingsbeschäftigung ist es, als Trainerin vor einer Gruppe zu stehen. Das ist meine Lebensaufgabe, es ist für mich Erfüllung.

Ich kann noch so schlecht gelaunt sein, wenn ich den Raum betrete und auf eine Gruppe Menschen treffe, die etwas von mir wissen möchten, dann steigt meine Befindlichkeit von null auf hundert. Es ist wie eine Droge und ich glaube, dass es dieses Gefühl ist, was mir am meisten gefehlt hat.

Natürlich war der Grund für mein Empfinden auch, dass man mir die Leidenschaft im Beruf jahrelang vorgelebt hat. Dann stellt man nichts infrage und glaubt einfach, dass dieses Leben richtig ist. Am besten wäre es, man würde Kinder zwei Jahre auf Entzugsurlaub von ihren Eltern schicken, damit sie sich eine eigene Meinung bilden können. Die Prägung durch meine Eltern ist bei mir fest verankert, wie wohl bei vielen anderen Menschen auch. Wir leben die Verhaltensmuster unserer Eltern weiter, ohne es zu realisieren.

Trotzdem ist nicht alles fremdgesteuert: Es gibt Leute, für die ist Liebe sehr wichtig, für andere ist körperliche Berührung sehr wichtig, für mich ist Anerkennung sehr wichtig. Und mein Beruf bedeutet Anerkennung. Diese Arbeit erfüllt mich, sie gibt mir unendlich viel, was mir im privaten Umfeld fehlt. Ich nehme mir das Recht heraus, alles zu wollen: meine Familie und meine Arbeit – weil das eine nicht ohne das andere geht. Die Kinder erinnern mich an einen Dominostein. Wenn der nur schwarz ist, fehlt etwas. Die Kinder sind die weißen Punkte in meinem Stein. Sie sind meine Lichtblicke, die mich morgens anlächeln und mir sagen: »Du bist die beste Mama der Welt.«

Mein Beruf erfordert es, dass ich manchmal mehrere Tage am Stück von zu Hause weg bin. Meine Kinder sind jetzt vier und sieben Jahre alt. Dass sie noch so klein sind, macht es mir besonders schwer. Antonia ist sehr extrovertiert, sie kommt nach mir. Meine Tochter ist stark, aber ich überschätze sie manchmal. Wenn ich von einer Dienstreise wiederkomme, beansprucht sie Stunden meiner Zeit. Sie sitzt auf meinem Schoß und braucht viele Kuscheleinheiten.

Da meldet sich das schlechte Gewissen. Einerseits bin ich froh, wenn ich in meinen Flieger steigen und einfach meinem Job nachgehen darf, meist auch noch mit viel mehr Ruhe, als ich sie zu Hause habe. Wenn ich dann zurückkomme, wird mir andererseits deutlich bewusst, wie sehr mich die Kinder brauchen, weil sie einfach noch so klein sind.

Viele Mütter werden sicher nicht verstehen, dass mir diese Bestätigung durch die Kinder als Anerkennung nicht ausreicht. Ich habe hart gearbeitet und viel gelernt, um diesen Beruf ausüben zu können. Die Anerkennung durch die Kinder ist mir wichtig, es ist die Liebe, die Bestätigung, als Mutter gebraucht zu werden. Die Anerkennung, die ich in meinem Beruf bekomme, dagegen äußert sich so, dass jemand sagt: »Ich brauche dein fachliches Wissen, damit ich für mein Leben davon profitieren kann.«

Der Druck der Gesellschaft auf alle Mütter ist gnadenlos, es geht nicht um Leben und Lebenlassen, sondern darum, sein eigenes Lager in ein besseres Licht zu rücken. Das geht nur, wenn ich die anderen schlechter aussehen lasse, damit ich besser dastehe. Leider befinden wir uns immer noch an diesem Punkt und können die Arbeit des anderen nicht wertfrei anerkennen und schätzen. Das ist sehr schade, denn wenn berufstätige Mütter insgesamt eine starke Leistung erbringen, die man gar nicht hoch genug schätzen kann, vollbringen doch auch diejenigen Mütter ein tolles Werk, die sich komplett der Familie, dem Haushalt und ihrem Mann verpflichtet haben. Warum fehlt das Verständnis für die jeweils andere Seite? Uns alle eint doch eigentlich der Wunsch, gute Eltern zu sein.

Vollzeit-Mutter zu sein ist genauso anstrengend wie das, was wir Berufstätigen machen. Es ist nur eine andere Form der Organisation mit einer ganz eigenen Empfindung. Hausfrauenmüttern wird aber immer mehr nachgesehen als uns Rabenmüttern. Wenn es uns schlecht geht, heißt es: Selbst schuld, ihr wollt ja auch immer alles gleichzeitig. Da sieht man nur den Egoismus. Hausfrauen gestattet man eine Depression eher. Ich habe immer versucht, mich, soweit es irgend ging, zusammenzureißen und gute Miene zu machen. Immer schön lächeln, sagte ich mir.

Als Mutter habe ich Verantwortung für mein Baby und mein neues Leben. Wenn ich berufstätig bin und es mir nicht gut geht, habe ich dem Unwohlsein scheinbar selbst einen Nährboden geliefert. Das nimmt die Gesellschaft übel. Der Blick von außen mag lieber die Mutter, die stundenlang in Vorbereitungs- und später in Babykursen sitzt. Die tut ja so viel für ihr Kind!

Ich würde den Müttern so sehr wünschen, endlich den Mut zu finden, ihren eigenen Weg zu gehen und sich nicht von der Gesellschaft in ein Muster drücken zu lassen.

Maximilian und Antonia sind glückliche Kinder. In unserem Haus sieht es allerdings fast immer so aus, als hätte eine Bombe eingeschlagen, besonders dann, wenn ich ein paar Tage weg war. Ich hoffe, dass unsere Kinder, wenn sie erwachsen sind, nicht sagen werden, sie hätten eine tolle Kindheit gehabt, weil es bei uns immer so ordentlich war. Sie werden sich stattdessen hoffentlich daran erinnern, was wir ihnen mitgegeben und was wir vorgelebt haben. Ich wünsche mir, dass sie dann noch wissen, dass wir für sie da waren, uns um sie gesorgt haben. Mit Erziehung und Bildung kann man einem Kind ein Fundament geben. Ob es darauf eine Doppelhaushälfte oder ein Hochhaus baut, das liegt an ihm selbst.

Wir müssen sie schon in den Kinderschuhen stark machen. Diese Stärke muss die Kinder dazu befähigen, ihren Weg zu gehen und ausreichend Mut zu besitzen. Dazu gehört sicherlich auch, dass ein Kind sieht, welche Privilegien es mit sich bringt, wenn die Eltern arbeiten. Und dass Mutter und Vater dann auch glücklicher sind, was der ganzen Familie dient. So wie wir sind, sind wir gute Eltern.

9

»Das Kind spielt die erste Geige«

Jean-Marc, 49, Frankfurt, Berufsmusiker/Bratscher
Tochter Sarah, 4
Tochter Sylviane, 8 Wochen

Frank hat den Weg geebnet. Der Geiger war der erste Musiker in einem großen Orchester, der in Elternzeit ging. Fünf Monate setzte er im Spielplan aus. Zu Hause hielt er sich, so gut es ging, auf dem Instrument fit. Sein wichtigster Tipp: »Schlaf, wann immer du kannst!« Seine wichtigste Erkenntnis: Väterzeit schafft starke Bindung!

Er hatte Mut und war fest entschlossen. Sein Beispiel machte es den Nachfolgern leichter. Immer noch für Aufsehen sorgend, aber nun einem Präzedenzfall folgend, ging auch der Bratscher Jean-Marc in Elternzeit. Sechs Monate betreute er seine kleine Tochter, während seine Frau wieder als Assistenzärztin in der Chirurgie einstieg.

Was auf Leistungssportler zutrifft gilt eigentlich auch für Musiker: Man darf keinen Tag mit dem Training pausieren. Ich habe es komplett anders gehandhabt. Nach rund 20 Jahren Berufsleben habe ich für drei Monate die Bratsche weggelegt.

Meine Frau und ich waren immer Freunde von klaren Entscheidungen. Noch bevor sie mir das Jawort gab, hatten wir bereits geklärt, wie wir Kinder und Beruf gemeinsam unter einen Hut bekommen wollten. Als ich sie kennenlernte, war sie Krankenschwester und entschied sich gerade für ein Medizinstudium. Meine Frau wollte ganz klar beides in Perfektion: Karriere machen und Mutter sein.

Bei unserer ersten Tochter Sarah ist sie nach sechs Monaten – für deutsche Verhältnisse ziemlich früh – wieder eingestiegen, und zwar in eine 100-Stunden-Woche. Jetzt werden die Karten gerade neu gemischt: Vor acht Wochen wurde unser zweites Kind, Sylviane, geboren. Diesmal will meine Frau die Elternzeit länger beanspruchen und ich werde danach vielleicht nur für zwei Monate übernehmen. Was mir leidtut, denn ich habe die ersten sechs Monate mit der Großen sehr geschätzt. Ich bin damals als frischgebackener Vater mit großer Sorge, ob ich dem Ganzen gewachsen und allem gerecht sein werde, eingestiegen. Das Resultat: Sechs Monate mit einem Kind alleine sind unglaublich bereichernd.

Die Entscheidung fiel uns nicht schwer: Im Rahmen meiner Karriere habe ich meine Ziele erreicht. Meine Frau wollte studieren und hatte sich viel vorgenommen. Für mich war klar: Ich halte ihr den Rücken frei und helfe ihr, wo ich kann. Als sie schwanger wurde, war sie Assistenzärztin in der Chirurgie-Abteilung einer großen Klink im Rhein-Main-Gebiet. Nach der Geburt pausierte sie sechs Monate und kümmerte sich um unsere Tochter. Ich war mit meinem Beruf und mit Konzerten ausgelastet, half aber trotzdem im Haushalt. Den geflügelten Spruch »Ich weiß nicht, wie die Waschmaschine funktioniert« haben wir beide umgedreht. Unser Umfeld amüsiert sich darüber.

Zur Jahreswende 2009, als unsere Tochter ein halbes Jahr alt war, ging ich in Elternzeit. Meine Frau begann wieder im normalen Klinikalltag zu arbeiten. Ich brachte ihr anfangs vier-, dann dreimal am Tag unsere Tochter zum Stillen in die Klinik. Auf diese Weise gab es auch kleine Zwangspausen für die Mutter, was ich bei ihren langen Arbeitstagen als positiven Nebeneffekt gern erreichen wollte. Es ist gesetzlich geregelt, dass eine Mutter Stillpausen am Arbeitsplatz machen darf. Sarah trank stets schnell und gründlich, sodass die Pausen sogar kürzer waren als gesetzlich vorgesehen. Die Kollegen sahen deutlich, dass diese Assistenzärztin mit Kind ihre Arbeit ohne Abstriche leistete. Motiviert von dem Gedanken, doch wenigstens an einem Tag in der Woche pünktlich zum Abendbrei wieder beim Kind zu sein, versuchte meine Frau, noch schneller und effektiver zu arbeiten. Sie wurde an ihrem Arbeitsplatz weder geschont noch bevorzugt, leistete weiterhin Überstunden, war dezent und machte keine große Sache aus unserem Betreuungs-Modell. Trotzdem war sie natürlich ein wandelndes Statement und sah sich unter anderem

111

mit Fragen wie »Sag mal, wann ist dein Mann nicht mehr arbeitslos?« konfrontiert.

Als ich zu Hause übernahm, überkam mich am ersten »Arbeitstag« doch eine gewisse Panik. Ich hatte große Angst davor, Fehler zu machen. Als Berufsmusiker ist man latenter Perfektionist. Auch wenn man es nicht immer so perfekt hinbekommt, wie man will, der Anspruch ist jedenfalls allabendlich vorhanden. Diese Vorgabe spielt auch in alle anderen Bereiche unseres Lebens hinein.

Windelnwechseln war die erste Herausforderung, bei der sich aber schnell Routine einstellte. In den Anfangsmonaten hatten meine Frau oder die Großmütter diverse Breie vorgekocht und eingefroren, das erleichterte mir die Sache. Hauptaufgabe und Hauptanspruch war es, dem Kind gerecht zu werden. Woran ich mich unheimlich gern erinnere, das sind unsere ausgedehnten Spaziergänge durch die Hügel des Taunus. Ich schob meine Tochter bestimmt täglich rund 15 Kilometer durch die Berge, das tat uns beiden gut. Die Bewegung und ein ausgeglichenes Kind sind Balsam für die Seele des Vaters.

Für meinen Einstand in die Betreuung hatte ich eine Art To-do-Liste von meiner Frau bekommen, praktisch eine Bedienungsanleitung für die ersten Tage. Danach entspannte sich das Ganze zunehmend und ich handelte mehr und mehr nach Bauchgefühl.

Am ersten Tag meiner Elternzeit legte ich die Bratsche in den Kasten und schob ihn weit weg. Das war ungewohnt und fühlte sich fast schon revolutionär an. Es war die erste Unterbrechung nach 20 Jahren, abgesehen von zwei, drei Wochen Sommerurlaub, in denen ich konsequent das Instrument weglege und erst danach wieder langsam anfange zu trainieren. Diesmal verschwand die Bratsche von einem auf den anderen Tag ganz aus meinem Alltag. Meine Einstellung war radikal: Ich wollte jetzt zu 100 Prozent Papa sein. Und damit war ich auch voll ausgelastet. Wenn das Kind abends im Bett war und endlich schlief, sackte die Müdigkeit schlagartig auf mich herunter. Ich streckte nur noch alle viere von mir. Ehrlich gesagt, der erste Schluck Bier am Abend hat mir selten so gut geschmeckt wie in der Zeit als Vollzeit-Papa.

Unser Tagesablauf hatte schon viel Struktur, er begann mit dem relativ frühen Aufstehen meiner Frau. War sie aus dem Haus und auf dem Weg in die Klinik, drehte sich alles um unsere Tochter und ihren Rhythmus, der sich über die Zeit änderte: Wach-Schlaf-Phasen, zum richtigen Zeitpunkt das Essen fertig haben beziehungsweise passend zwischen OP und Verbandswechsel mit dem wachen Baby in der Klinik erscheinen. Dazu das Übliche: volle Windel, durchnässte Bodys immer dann, wenn ich dringend losfahren musste.

Unser Umfeld war milde gestimmt: Das Orchesterbüro in Frankfurt hatte im Gegensatz zu anderen Arbeitgebern, von denen ich hörte, dass sie frei gewordene Stellen einfach nicht mehr besetzen, eine junge Kollegin eingestellt. Sie war Berufsanfängerin und glücklich über die Erfahrung, die sie hier machen konnte. Gleichzeitig war sie für den Arbeitgeber günstiger als der sich im Endgehalt befindende Vater. Beide Seiten profitierten also. Die Kollegen hatten es grundsätzlich gut aufgenommen. Der eine oder andere Spruch kam zwar, aber ich war ja schon der zweite Vater, der in Elternzeit ging, und somit gab es bei mir keine große Aufregung mehr.

Die Menschen im Bekanntenkreis waren im schlimmsten Fall überrascht oder skeptisch, ob ich mir das zutraute und wie meine Väterzeit wohl funktionieren würde. Mein Nachbar, Architekt mit drei Söhnen, freute sich: »Endlich noch einer hier im Neubaugebiet.« Auch er war um der Karriere seiner Frau willen zu Hause geblieben, obwohl selbst sehr erfolgreich.

Die Männer in unserer Nachbarschaft beneideten uns darum, dass wir die frühe Kindheit unseres Nachwuchses hautnah mitbekommen durften. Davon abgesehen fehlt ihnen aber eine wichtige Erkenntnis: die Hochachtung vor allen Müttern, die mit ihrem Kind zu Hause bleiben, vor den Frauen mit der Entscheidung, ihre Karriere erst einmal zurückzustecken und statt-dessen Kinder und »das bisschen Haushalt« zu übernehmen. Den Spruch bekomme ich übrigens nur noch spöttisch über die Lippen. Binnen weniger Tage war mir klar geworden, welch un-glaubliche Arbeit diese Menschen leisten und wie wichtig sie ist – für die Kinder und auch für die Familie. Ich kann nur wirklich jedem Mann ans Herz legen, sich diese Zeit zu nehmen.

Ich war von Dezember bis Juli in der offiziellen Elternzeit, danach schlossen sich Theaterferien an, sodass ich bis Ende August eine intensive Zeit mit Sarah verbringen und sogar noch die Ein-gewöhnung in die Krippe übernehmen konnte. Dort war ich der einzige Vater, ich wurde freundlich und skeptisch zugleich in der Kita empfangen. Man fragte sich wohl, was ich für ein Kerl sei, der seine arme Frau arbeiten schickte oder der vielleicht selbst einer obskuren Tätigkeit nachging, die freie Vormittage ermög-lichte. Punkten konnte ich dann doch recht schnell, da ich als ein-ziger Elternteil täglich zur Begrüßung im Morgenkreis mitsang. Nach sechs Monaten steht man wirklich über allen Vorurteilen und Gerüchten. Dann kann man auch als Mann hilfreich mitdis-kutieren, mit welchen Mitteln man Grasflecken, Farbstifte oder Marmeladenkleckse aus T-Shirts herausbekommt – zur Über-raschung der Damen in meinem Umfeld.

Die Eingewöhnung in die Krippe war für meine Tochter und mich recht unproblematisch. Es war normal für sie, dass ich dabei war. Wir hatten stets darauf geachtet, dass sie das Fehlen der Mutter gleichzeitig mit einem Stolz über deren Aufgabe ver-bindet. Wir haben ihr relativ früh gezeigt, was im Krankenhaus passiert. Wenn Sarah fragte, warum ihre Mutter täglich dorthin zur Arbeit ging, erzählten wir ihr, dass sie Menschen Schmerzen erleichtern kann und ihnen dabei hilft, gesund zu werden. Unsere Familie ist einfach stolz auf den Beruf der Mutter.

Nach drei Monaten meiner sechsmonatigen Elternzeit packte ich die Bratsche wieder einmal aus. Ich sollte einspringen. Ein Kollege brauchte dringend einen Ersatzmann für die Oper »Elektra« von Richard Strauss, ein wirklich anspruchsvolles Werk. Ich kannte das Stück sehr gut, hatte es oft und gern gespielt. Die Aufführung sollte drei Tage später stattfinden. Meine Frau hatte an dem Abend frei und ich sagte sofort zu. Ich wusste, was auf mich zukam und dass die Feinmotorik ein Problem sein könnte. Ich musste sofort meine Hand wieder in Bewegung bekommen. Das Stück würde rhythmisch kein Problem darstellen, aber wenn die Hand nicht dem folgt, was der Kopf will, wird es abenteuerlich.

Ich läutete ein Kurzzeit-Intensivtraining ein mit den üblichen Tonleitern in wechselnden Tempi, um langsam wieder aufzubauen. Wie beim Leistungssport sind über viele Jahre Bewegungsmuster antrainiert, die abrufbar sind. Ich spielte über den Tag verteilt immer wieder 20 bis 30 Minuten am Stück, das konnte ich gut um die Ansprüche meiner Tochter herumbauen. Ich nutzte jede Minute, ließ dann aber auch notgedrungen den Haushalt schleifen. Meiner Tochter gefiel es nicht, wenn ich übte. Sie funkte mir immer dazwischen, sobald ich die Bratsche in die Hand nahm. Sarah quakte, zupfte und zappelte sofort an mir herum.

Trotzdem klappte schließlich alles. Die Aufführung lief gut. Was für ein Glück, dass ich mit einem meiner Lieblingswerke wieder einsteigen konnte! Es machte mir viel Spaß. An der einen oder anderen Stelle musste ich wie erwartet mit der Geläufigkeit meiner Finger kämpfen. Die Kontrolle über die Muskeln, die Automatismen sind nach einer so langen Pause nicht in jeder Sekunde verlässlich. Am Tag danach hatte ich Muskelkater. Von da an blieb ich locker im Training und übte während der nächsten drei Monate regelmäßig in kleineren Etappen.

Als meine Tochter in der Krippe eingewöhnt war, ging auch ich wieder arbeiten. Als Chirurgin hatte meine Frau manchmal extrem lange Arbeitstage im Krankenhaus, von sieben bis 22 Uhr, hinzu kamen die Dienste von sieben Uhr morgens bis zum

115

nächsten Vormittag. Trotzdem versuchte sie, wenn ich abends Dienst hatte, pünktlich um sechs zu Hause zu sein, damit ich rechtzeitig zur Probe oder zur Vorstellung kam. Meistens wartete ich schon mit dem Kind auf einem Arm, der Bratsche in der anderen Hand darauf, dass meine Frau kam. Ähnlich wie den Lehrern neiden uns Orchestermusikern viele Menschen die scheinbar kurze Arbeitszeit. Die Probe am Vormittag dauert zweieinhalb Stunden, manchmal auch drei, wenn Sänger dabei sind. Es ist eine äußerst konzentrierte Arbeit, nach der man den Kopf erst einmal auslüften und sich erholen muss.

Zum Dienst am Abend, also zum Spielen in der Oper oder im Konzert, gehört natürlich die Vorbereitung am Tag mit vielen Stunden Üben: Tonleitern, Etüden, schwere Orchesterstellen. Mit Geläufigkeitsübungen wird die Muskulatur in Schwung gehalten, dazu muss jede Note sitzen. Die Abendvorstellungen dauern meist dreieinhalb Stunden, vor 23 Uhr ist man selten zu Hause. Von außen betrachtet, wirkt es einfach: Wenn die Tochter im Bett ist, geht man zur Arbeit. Theoretisch kann man vorher viel Zeit mit dem Kind verbringen. Früher jedoch, als wir noch keine Kinder hatten, legte ich mich nachmittags hin, um ausgeruht zu sein, und spielte mich dann ausführlich ein. Mit Kind sieht das etwas anders aus, da reicht die Zeit nur aus, um sich auf dem Weg zur Vorstellung zu entspannen.

Nun haben wir eine zweite Tochter, über die wir wahnsinnig glücklich sind, obwohl ich vorher Bedenken hatte, ob wir mit unserer großen Arbeitsbelastung noch einem weiteren Kind gerecht werden könnten. Diesmal hatte meine Frau den Wunsch, die ersten Monate der zweiten Tochter wesentlich direkter und länger mitzuerleben und gleichzeitig mehr für die Große da zu sein.

Sie vertraute mir und wusste, dass ich alles richtig machte, auch unser ganzes Umfeld hatte ich davon überzeugen können. Dennoch hat sie sich nicht ganz wohlgefühlt und möglicherweise latent das Gefühl gehabt, sie würde ihrem Kind nicht gerecht werden. Ich denke, gerade berufstätige Mütter empfinden so, weil sie wirklich alles 150-prozentig perfekt erledigen wollen.

Jetzt bei Sylviane bat mich meine Frau darum, die komplette Elternzeit abdecken zu dürfen, und ich sollte dann die übrigen zwei Vätermonate nehmen. Ich war schon betrübt, diesmal nicht sechs Monate lang mit meinen Töchtern so intensiv leben zu können. Mit dem zweiten Kind geht man irgendwie entspannter um. Das Kind ist damit auch ausgeglichener, die Ruhe der Eltern überträgt sich.

Sylviane hat einen ganz anderen Charakter als Sarah. Sie schläft in Ruhe ein, ist geduldig, weiß, dass abends ihre Zeit kommt, wenn die Große im Bett ist. In den Tagesablauf ist sie ständig integriert, entweder im Tragetuch oder auf dem Arm. Es gibt keinen Augenblick, in dem sie alleine ist. Sie wartet ab und beobachtet, wenn wir mit der Großen lesen, basteln oder malen. Sie hat schnell verstanden, dass sie danach die Mutter für sich hat.

Unsere Verwandten in Frankreich sind mit der ganzen Kinderbetreuungs-Struktur Jahrzehnte weiter. Man muss es nicht unbedingt gut finden, aber die französische Frau kann nach drei Monaten zurück in den Job. Die Cousine meiner Frau ist ebenfalls Ärztin. Ihr Kind – so alt wie unsere Sarah – kam in die Frühkrippe. Das Kind hat sich super entwickelt, bis jetzt sind keine bleibenden Schäden festzustellen.

Die französischen Väter bleiben allerdings sehr selten zu Hause. Da haben wir es hier besser. Ich wiederhole mich: Ich kann Männern die Väterzeit nur dringend empfehlen. Mir hat sie, auf Französisch, eine complicité, also eine sehr große Verbundenheit und besondere Nähe zu Sarah gegeben, die ich sonst in der Form nicht gehabt hätte. Meine Kollegen haben im Übrigen festgestellt, dass ich seit der Elternzeit deutlich entspannter wirke, nach außen hin zumindest.

Die intensive Zeit mit einem Kind ist das schönste Geschenk, das man bekommen kann. Ich kann mich nicht erinnern, je glücklicher gewesen zu sein.

10

»Es wäre anstrengender ohne Beruf«

*Astrid, 42, Berlin, Doktorin der
Kommunikationswissenschaften
Tochter Marie, 17
Sohn Jan-Philipp, 10
Sohn Tim, 7*

Wenn man die promovierte PR-Expertin über ihre Einstellung zur Kindererziehung oder zur Vereinbarkeit von Familie und Beruf reden hört, kann man sich vorstellen, dass die eine Mutter den Kopf einzieht und die andere mit Tomaten wirft. Andere wiederum applaudieren ihr begeistert. Mehr Polarisierung geht nicht.

Astrid bietet Angriffspunkte aller Art: Sie geht lieber essen, als zu kochen. Plätzchen kauft sie im Bioladen, anstatt sie zu backen. Und Basteln findet sie langweilig. Ein schlechtes Gewissen hat sie kaum. Warum auch? Und der Gipfel: Diese Karriere-Frau hat drei Kinder! Und sie liebt sie sehr!

»Pfui, kann ja nicht wahr sein!«, schreien die einen. »Bravo, mehr davon!«, rufen die anderen. Mehr Rabenmutter geht nicht. Also: Tief Luft holen und lesen. Vor allem: zu Ende lesen. Und als Warnung für alle die, die rot anlaufen, sei notiert: Je mehr Gegenwind, desto mehr Energie hat diese vielseitige Mutter! Mehr Vorbild geht nicht.

Eigentlich wollte ich nie Kinder haben. Ich habe sie immer als kleine, schreiende, nervige Wesen empfunden. Dann wurde ich relativ früh schwanger – das ist halt so passiert. Durch das Schicksal wurde ich sozusagen in diese Rolle hineingedrängt, weil für mich eine Abtreibung nicht infrage kam. Ich habe meine Tochter geboren und mich kurz darauf von meinem damaligen Ehemann getrennt. Und arbeiten wollte ich sowieso immer. Als Marie drei Jahre alt war, entschied ich mich, meinen festen Job bei einer Fluggesellschaft aufzugeben und noch einmal zu studieren.

Es gab den ersten Aufschrei in meinem Umfeld! Die Vorwürfe prasselten auf mich nieder: »Wie kannst du einen so tollen Vertrag und diese Anstellung nur hinschmeißen: 30 Stunden Arbeitszeit sind mit Kind und Kindergarten herrlich kompatibel. Wieso musst du mit 27 noch mal studieren?«

Ich hatte darauf eine Menge Antworten: Ich habe erst mit 27 mit dem Studium begonnen, weil mein Abitur mit einem Durchschnitt von 3,1 nicht gut genug war, um gleich im Anschluss Kommunikationswissenschaften zu studieren. Es war jedoch genau das, was ich an der Universität lernen wollte. Ich wollte mehr, als am Flughafen im Check-in zu arbeiten. Also musste ich warten. Es hat sich gelohnt, denn das Ganze endete mit der Promotion.

Marie gab ich schon fünf Monate nach der Geburt zu einer Tagesmutter, ich verdiente durch diverse Jobs in den Bereichen Telefonmarketing und Promotion gutes Geld. Mein Mann absolvierte in der Zeit ein Fachstudium, er hatte keine Zeit für Kinderbetreuung. Und ich wollte meine 20 Stunden arbeiten.

Ich bin kein Mensch, der sich über längere Zeit volle 24 Stunden um ein Baby kümmern möchte. Auf der einen Seite hat mir das nie gereicht, auf der anderen Seite fand ich es auch recht anstrengend, permanent verfügbar sein zu müssen und dabei zu nichts anderem zu kommen. Das Kind fühlte sich bei der Tagesmutter wohl und ich kam unter Leute, es machte mir Spaß zu arbeiten.

Weil es so üblich war, besuchte ich mit Marie auch eine Babygruppe. Ich fand das aber entsetzlich. Alle redeten nur über die Kinder, das war furchtbar langweilig. Ich war damals 24, die meisten anderen Mitte, Ende 30, also aus meiner Sicht uralt. Die Treffen ödeten mich an, meinem Kind zuliebe hielt ich aber durch. Auch mit meinem Sohn raffte ich mich später noch einmal auf, beim dritten Kind schickte ich dann die Kinderfrau zu den Treffen.

Als alleinerziehende Mutter von Marie kam ich finanziell ganz gut über die Runden, obwohl der Kindsvater mir keinen Unterhalt zahlte. Ich durfte mietfrei in einer Wohnung meiner Eltern leben. Eine Studentin wohnte dort mit mir zusammen, die als Gegenleistung für eine günstige Miete stundenweise auf Marie aufpasste. Wenn meine Tochter schlief, arbeitete ich in Fünf-Sterne-Hotels als Service-Kraft. Ich studierte und erledigte bis zu vier Jobs nebenher: Ich kellnerte, tippte Interviews ab, machte Telefonmarketing.

Meine Tochter spricht heute noch von dem guten Mensa-Essen. Sie mochte die Besuche in der Uni, wenn ich sie nachmittags früher aus dem Kindergarten holte und mit in den Hörsaal nahm. Da saß sie dann mit ihrer kleinen Box Biokeksen und dem Holzpuzzle auf einer Treppe im Henry-Ford-Bau an der FU. Hinterher gingen wir in der Mensa essen. Das fand sie toll!

Es gab viele Menschen, die mich für völlig verrückt hielten. Das war ich bestimmt auch, aber es ging mir gut damit. Das Arbeiten war notwendig: Nur von der spärlichen Unterhaltszahlung eines wenig verdienenden Kindsvaters und ein bisschen Kindergeld kann niemand leben. Das Studium war mein Traum, den ich mir endlich verwirklichen konnte.

Von den meisten meiner Jobs bekam Marie gar nichts mit, weil sie in dieser Zeit schlief. Auch heute noch gelingt es mir meistens zu arbeiten, wenn die Kinder nicht da sind oder schlafen. Wenn sie da sind, nutze ich die Zeit, mit ihnen zu sprechen, zu kuscheln, zu lesen – das ist typische Quality-Time.

Meine Einstellung gegenüber Kindern hatte sich in dem Moment geändert, als ich Marie das erste Mal auf dem Ultraschallbild sah. Da entstanden plötzlich meine Muttergefühle: Das ist meins, dem tut niemand etwas!

Und jetzt folgt einer der Sätze, die wahrscheinlich viele Mütter in den Wahnsinn treiben: Das ist mein Kind, ich muss es aber nicht ständig sehen. Ich liebe meine Kinder von ganzem Herzen, muss sie aber nicht rund um die Uhr um mich haben.

Es liegt bestimmt daran, dass ich einen Beruf ausübe, der mich genauso begeistert wie die Möglichkeit, Mutter zu sein. Das ist natürlich ein Privileg, das viele andere nicht haben. Aber auch in anderen Berufen kann die Arbeitszeit eine durchaus erholsame Auszeit vom Alltag zu Hause bedeuten. Gerade mit kleinen Kindern ist es wunderbar, nach einer anstrengenden Nacht morgens im Büro alleine in Ruhe einen Kaffee zu trinken und die Aufgaben des Arbeitstages zu strukturieren. Man wird anders gefordert, kann sich auf nur eine Aufgabe konzentrieren, ohne dass ständig jemand kommt und etwas möchte oder losschreit und weint. Als meine Kinder klein waren, bin ich nicht rund um die Uhr weg gewesen, sondern habe sie schon mittags bei der Tagesmutter abgeholt. Ich war entspannt und erfüllt, die Kinder waren ausgeglichen. Das wäre nicht möglich gewesen, wenn ich 24 Stunden mit ihnen zusammen gewesen wäre.

Es geht dabei nicht nur um Selbstverwirklichung, sondern auch um Eigenständigkeit. Ich bin jetzt zum dritten Mal verheiratet – mit einem Mann, der nicht der Vater von einem meiner Kinder ist. Als das Scheidungsrecht geändert wurde, habe ich mich sehr geärgert, weil die Folgen dieser Unterhaltsrechtsreform meiner Meinung nach den Frauen bis heute nicht richtig kommuniziert werden. Die Novelle an sich war dringend notwendig. Jeder erwachsene Mensch sollte für sich selbst sorgen können. Ich erlebe es in meinem Umfeld ständig: Die Kinder werden größer, kommen in die Schule und die Mütter wollen nach wie vor nicht in ihren Berufen arbeiten, weil sie sich angeblich um die Hausaufgaben zu kümmern haben. Außerdem seien sie durch ihre Ehemänner gut versorgt.

Ausgeblendet werden dabei zwei Themenbereiche: Was passiert, wenn der Mann plötzlich geht? Dann steht die Frau nämlich dumm da. Die längere Auszeit vom Beruf führt ganz schnell zu Hartz IV, wenn die Kinder älter als drei Jahre alt sind. Und was ich noch wichtiger finde: Die Frauen können wegen materieller Abhängigkeit ihre Entscheidungen nicht selbst treffen. In Konfliktsituationen sind sie automatisch deutlich vorsichtiger in der Argumentation und scheuen sich davor, notwendige Konsequenzen zu ziehen. Tacheles zu reden, den

Mann zu verlassen – alles keine Optionen, wenn einem Hartz IV droht. Das neue Gesetz ist nicht leicht zu verdauen, gerade nicht für die Frauen, die in den letzten zehn Jahren drei, vier Kinder bekommen haben. Aber so hart es sich anhört: Die Mütter müssen selbst zusehen, dass sie spätestens nach einem Jahr wieder in den Beruf zurückgehen.

Wenn sich die Männer querstellen, dann haben die Frauen zu spät angefangen zu diskutieren. Sie müssen sich spätestens dann durchsetzen. Wenn sie jetzt nachgeben, rutschen sie noch tiefer in die Abhängigkeit. Den jungen Frauen müssen wir klarmachen, dass sie gar nicht erst in die Situation kommen sollten, zehn Jahre im Beruf pausiert zu haben. Das Argument, sie möchten gern viel Zeit mit den Kindern verbringen, um nichts zu verpassen, gilt für mich nicht.

Ich verpasse auch nichts, wenn ich einmal 24 Stunden nicht da bin. Wenn ich etwa die ersten Schritte eines Kindes nicht mitbekommen habe, dann habe ich mich eben über die nächsten gefreut. Die Frauen, die zu Hause bleiben, sitzen doch auch nicht den ganzen Tag verzückt da und beobachten ihre Kinder. Sie haben einen Vollzeitjob mit Hausarbeit, Einkaufen, Putzen und der gesamten Familienorganisation. Vieles, das nervt und auslaugt. Vieles, was in keiner Weise Befriedigung und Bestätigung bringt.

Ich habe als Studentin unter anderem deshalb so viel gejobbt, damit ich eine Putzfrau bezahlen konnte. Es gehört nicht zu den Aufgaben einer guten Mutter, jeden Abend Essen zu kochen, jeden dritten Tag die Wohnung zu saugen und die Fenster zu putzen. Ich glaube, das letzte Mal selbst Fenster geputzt habe ich vor mehr als 20 Jahren. Solche Dinge, die sehr viel Zeit kosten, kann man einfach anders verteilen, die muss ich nicht selbst machen.

Selbstständigkeit kann man in vielen Bereichen weitergeben: Jedes meiner Kinder bekommt zum neunten Geburtstag einen Wäschekorb und einen Wäscheständer geschenkt, damit sie lernen, wie Wäschewaschen funktioniert. Es klappt prima – der Jüngste möchte das jetzt schon machen. Statt zu predigen, sollte man seine Kinder früh mit einbinden.

Zu predigen liegt mir ohnehin fern: Wenn ich junge Studentinnen berate und zum Thema Vereinbarkeit von Beruf und Familie coache, dann fordere ich nicht von ihnen, dass sie mit einem Säugling einen 80-Stunden-Job leisten. Aber 15 bis 20 Stunden sind durchaus möglich. Einfach, um dabeizubleiben, um den Anschluss im eigenen Beruf nicht zu verpassen. Und um, wenn es einmal hart auf hart kommt, die Möglichkeit zu haben, die Stundenzahl im Beruf hochzufahren und sich und die Kinder selbst zu finanzieren.

Mütter sind durch unsere Geschichte dazu gebracht worden, sich ständig zu rechtfertigen und einen Sack voll schlechtem Gewissen mit sich herumzuschleppen. Natürlich gibt es eine intensive Bindung zwischen Mutter und Kind. Aber dieser Druck, nur für das Kind da sein zu müssen und alle eigenen Bedürfnisse hintenanzustellen, ist meiner Meinung nach sozial konstruiert. Es ist nicht biologisch festgelegt, es ist eingeimpft. Und weil es konstruiert ist, können wir es auch ändern.

Die Sozialisation, die Gesellschaft manifestiert das Bild der guten und der schlechten Mutter. Das Wort »Rabenmutter« gibt es zum Beispiel nur im Deutschen. Leider wird dieses Bild an unsere Kinder weitergegeben, von uns, im Kindergarten, in der Schule. Der Rettungsanker ist, sich klarzumachen, inwieweit man diese gesellschaftlichen Bilder so ummodeln kann, dass man mit den eigenen individuellen Bedürfnissen, mit Beruf und Familie zurechtkommt.

Die gute deutsche Mutter hat in vielen Köpfen mindestens im ersten Jahr nach der Geburt ausschließlich fürs Kind da zu sein, danach arbeitet sie höchstens auf 400-Euro-Basis. Häufig höre ich, dass ein guter Zeitpunkt gekommen ist, um wieder ein paar Stunden zu arbeiten, wenn die Kinder zehn Jahre alt werden.

Ich bin mit meinem Leben anderen Müttern natürlich ein Dorn im Auge: Ich koche, backe und bastele nicht. Wie man Gemüse zubereitet, Fleisch brät und Pudding zubereitet, lernen meine Kinder bei der Kinderfrau. Außerdem haben sie in der Schule tatsächlich Kochunterricht. Mein Mann bereitet manchmal Essen zu und ich selbst werfe auch mal Nudeln ins Wasser. Aber dass meine Kinder eine engere Bindung zu mir hätten oder geistig stärker gefordert wären, wenn ich mit ihnen kochte, glaube ich kaum. Das heißt nicht, dass es bei uns permanent nur Fastfood gibt. Die Kinder essen unter der Woche warm in der Schule und abends gibt es Brote. Am Wochenende gehen wir häufig essen.

Meine Kinder sind robust und ich bin nicht herzlos. Ich höre sehr wohl auf Zwischentöne und merke es, wenn ich zu wenig präsent bin. Es gab Zeiten, da war ich noch seltener zu Hause, weil ich zwei Jahre lang als Pressesprecherin zweier Verbände arbeitete. Ich musste häufig an vier von fünf Abenden Veranstaltungen besuchen. Die Kinder beschwerten sich nicht darüber, aber der Kleine war viel anhänglicher als sonst und die Lehrerin schlug per Mail Alarm, weil sie an meinem Sohn Veränderungen bemerkt hatte. Mir war klar: Zu wenig Mama. Ich schnappte mir mein Kind und erklärte: »Hör zu, dieser Monat ist hart, ich habe noch ein paar Termine vor mir. Da musst du jetzt durch, danach bin ich ganz lange am Stück in Berlin.« Ich konnte die Situation nicht ändern, aber für ihn einordnen. Das mag hartherzig scheinen, aber es handelte sich um einen überschaubaren Zeitraum. Hätte ich mehr als drei weitere Wochen durcharbeiten müssen, hätte ich möglicherweise versucht, den Zeitplan zu lockern.

Es gibt etliche Rituale bei uns, die mich absolut verlässlich für die Kinder machen. Wann auch immer ich nach Hause komme und die Kinder im Bett sind: Sie wissen genau, dass ich nach ihnen sehe und sie küsse. Egal, ob sie dabei wach werden oder nicht, sie spüren es.

Ich bin so gestrickt: Noch bevor ich mich sorge, Ansprüchen nicht gerecht zu werden, kommt in mir Wut auf, wenn man versucht, mich zu vereinnahmen. Auch Kinder müssen altersentsprechend Verständnis haben. Ausgenommen natürlich ein Säugling, der hundertprozentig abhängig ist und überhaupt nicht versteht, warum die Mutter sich rarmacht. Aber je älter meine Kinder werden, desto mehr erwarte ich von ihnen, dass sie auch für meine Bedürfnisse Verständnis entwickeln. Ich fordere das Stück für Stück ein. Ein dreijähriges Kind sollte sich einfach auch mal alleine beschäftigen können, wenn ich sage, ich arbeite jetzt. Ich akzeptiere, dass meine Kinder von mir erwarten, dass ich anklopfe, bevor ich ihr Zimmer betrete. Umgekehrt erwarte ich aber auch, dass sie mir meine Ruhe lassen, wenn ich arbeite, und nicht alle zwei Minuten kommen und mir irgendwas erzählen. Darauf bestehe ich.

Wenn sie merken, dass ich auf mich achtgebe, lernen sie, dass es wichtig ist, auf sich selbst achtzugeben. Ich habe einfach vorausgesetzt, dass sie das verstehen können. Genauso wie ein Kind verstehen muss, dass es nicht über die Straße rennen darf, wenn ein Auto kommt, muss es auch verstehen, dass es Zeiten gibt, wo die Mutter arbeitet. Ob das pädagogisch wertvoll oder nicht wertvoll ist, kann ich nicht sagen, ich bin keine Erziehungswissenschaftlerin. Aber meine Kinder haben dieses Prinzip recht schnell gelernt. Natürlich gab es Konflikte und natürlich versuchten die Kinder immer wieder, die Grenzen zu testen. Aber mit der nötigen Konsequenz und trotzdem liebevollem Umgang gelingt es.

Einem zweijährigen Kleinkind kann ich nicht sagen, dass es alleine zum Spielen in sein Zimmer gehen und die Tür schließen muss. Da muss ich schon dafür sorgen, dass eine andere Ansprechperson da ist, beispielsweise ein Au-pair-Mädchen oder eine Kinderfrau. Dann versteht das Kind auch, dass die Mutter jetzt einfach für eine gewisse Zeit nicht da ist, aber dass es eine verlässliche Bezugsperson zur Verfügung hat.

Ich muss relativ häufig wissenschaftlich anspruchsvolle Texte schreiben. Dabei kann ich Lärm schwer ertragen und mich kaum konzentrieren. Wir haben deshalb nebenan eine zweite Wohnung genommen. Dort habe ich ein Büro, in das ich mich zurückziehen kann. Die Kinder sind jetzt alt genug, dass sie auch ein, zwei Stunden alleine verbringen können. Sie wissen, dass ich gleich nebenan bin, sind beruhigt und ich kann in Ruhe arbeiten.

Unser Leben funktioniert gut und wir sind alle glücklich. Ich liebe meine Kinder sehr. Auch wenn ich nicht rund um die Uhr neben ihnen stehe. Unser Modell lässt sich schwer auf andere übertragen, obwohl ich überzeugt davon bin, dass viele Frauen ein Leben mit Beruf und Kind leicht meistern könnten, wenn sie sich nur einen Ruck geben würden.

Bei Kritik von außen rate ich dazu, auf der einen Seite konsequent mit den eigenen Werten umzugehen und diese ganz klar zu kommunizieren, auf der anderen Seite aber nicht zu missionieren. Ich würde niemals Frauen raten, sie sollten wie ich zwei Geschäftsführungen übernehmen, drei Kinder haben und über lange Zeit eine Kinderfrau beschäftigen. Wie viele Kinder sie hat und wie sie ihr Leben organisiert, ist jeder Frau selbst überlassen. Aber auf ihren Beruf sollte sie nicht verzichten müssen. Das, wofür eine Frau sich entscheidet, muss sie dann auch freundlich, aber bestimmt vertreten.

Manchmal bedeutet das sogar, auf eine passende Antwort zu verzichten. Allerdings nur dann, wenn man nicht selbst angegriffen wird. In allgemeinen Diskussionen muss man sein eigenes Lebensmodell nicht bis zur letzten Konsequenz argumentativ durchkämpfen. Dann vermittelt man nur allen anderen das Gefühl, dass sie etwas falsch machen. Dass Frauen oft die größten Feindinnen der berufstätigen Mütter sind, hat – psychologisch gesehen – sehr viel damit zu tun, dass sie lediglich ihr eigenes Lebensmodell verteidigen. In diesem erscheint Eigenständigkeit als Aufgabe einer (vermeintlichen) Sicherheit – das gilt es zu verhindern. Die anderen mit guten Argumenten schlechtzumachen, ist keine nachhaltige Lösung und wird nichts ändern.

Solche Diskussionen habe ich schon abgebrochen – ohne Konsens. Ich stellte dann lediglich fest: »Sie sind halt der Meinung, dass Kinder ihre Mutter 24 Stunden am Tag brauchen. Ich habe da eine ganz andere Ansicht. Wir kommen also nicht auf einen Nenner.« Man muss sich nicht in jedem Gespräch einig werden.

Ich habe die große Hoffnung, dass sich Frauen zukünftig an gleichberechtigte Lebensmodelle annähern werden. Je mehr junge Frauen und junge Männer der Meinung sind, dass Vereinbarkeit von Familie und Beruf funktionieren kann, und es selbst leben, desto selbstverständlicher wird es.

Noch ist es so, dass nur einige wenige sichtbar werden und sich von der Masse abheben und polarisieren. Das ist ähnlich der Zahl von Frauen in Führungspositionen. Wenn es nur ganz wenige sind, werden sie von allen misstrauisch beäugt. Immer mehr Frauen wachsen in neue, gleichberechtigte Lebensmodelle hinein, bekommen Kinder, machen Karriere. Es braucht Vorbilder, um zu zeigen, dass es funktioniert. Es funktioniert auch mit mehr als nur einem Kind. Hier will ich gern Vorbild sein – ein glückliches.

11

»Das Bedürfnis der Väter war immer da«

Christian, 39, Pfronten, freier Autor und Redakteur
Sohn Noah, 18 Monate

Christians Frau, acht Jahre jünger als er, arbeitete in einem amerikanischen Unternehmen, das in der Wirtschafts- krise anfing, drastisch Personal zu reduzieren. Sie ließ sich die Abfindung auszahlen. Christian war mit seiner freien Nebentätigkeit als Hörspielautor so erfolgreich, dass er überlegte, seine Festanstellung im Verlagswesen aufzu- geben. Das Projekt Kind wollten beide angehen. Seine Frau wurde schwanger, als er gerade einmal zehn Monate als freier Autor sein Geld verdiente. Der Vater gerade neu in der Selbstständigkeit, die Mutter arbeitslos – und dann Start ins Projekt Kind. Ein Wagnis, das gelang.

Es war uns beiden klar, dass wir damit eine große Heraus- forderung annehmen, aber der Wunsch, Kinder zu haben, war größer. Das Gute an meiner Frau und mir ist, dass wir beide in allen Bereichen sehr optimistisch sind.

Wir sahen die Problematik, waren aber davon überzeugt, alle Schwierigkeiten gemeinsam meistern zu können. Um es vorweg- zunehmen: Wir endeten nicht in einem Berg von Schulden, es hat alles geklappt, aber es war eine harte Zeit mit viel Rechnerei und Organisation.

Das Elterngeld mag auf einer tollen Idee basieren. Ich setze mich trotzdem für die Abschaffung ein. Für Freiberufler ge- staltet sich die Berechnung wegen der unregelmäßigen Einkünfte mehr als schwierig. Für meine Frau, Akademikerin mit Berufs- erfahrung, aber zum Zeitpunkt des Antrags schon lange arbeits- los, galt der Hartz-IV-Satz als Berechnungsgrundlage. Ich, der frisch Selbstständige, hatte noch keinen offiziellen Jahresabschluss vom Steuerberater, weshalb die Elterngeldstelle aufgrund einer Schätzung einen Satz festlegte. Das war ungefähr so viel wie bei meiner Frau: 364 Euro. Damit hätten wir nicht mal die Miete zahlen können, geschweige denn unsere Lebenshaltungskosten.

Unsere Sicherheit war die Abfindung, die meine Frau von ihrer Firma bekommen hatte. Dazu kam das geringe Arbeitslosengeld, außerdem nahm ich kleine Jobs in meiner Elternzeit an, was einem Freiberufler in überschaubarem Rahmen erlaubt war. Bevor die Elternzeit begann, hatte ich im Dauerlauf rund um die Uhr geackert, um möglichst viel zusammenzusparen. Es war dann trotzdem finanziell durchaus eng und wir schränkten uns ein, wo es nur ging.

Meine viermonatige Elternzeit begann, als mein Sohn drei Monate alt war. Trotz aller Schwierigkeiten im Hinterkopf war das ein Schritt aus voller Überzeugung. Ich wollte einfach so viel wie möglich von ihm mitbekommen und mir nicht nur während der Schwangerschaft theoretisches Wissen über Kinder angelesen haben, sondern beim eigenen Kind erleben, wie rasant und beeindruckend seine Entwicklung vonstattengeht.

Mein größter Horror wäre es gewesen, am Telefon zu hören, wie der kleine Christian Mama oder Papa sagt, oder die ersten Schritte wie bei einer Live-Reportage beschrieben zu bekommen. So war es in den siebziger Jahren bei meinem eigenen Vater, der natürlich voll berufstätig war. Ich wollte kein Feierabend-Papi sein, sondern alles mitmachen: frühstücken, Tisch decken, einkaufen, spazieren gehen, spielen, trösten, einfach rund um die Uhr Ansprechpartner sein und vier Monate lang den vollen Tagesrhythmus miterleben.

Mein Vater war ein sehr engagierter, sehr liebevoller Vater, der jeden freien Moment mit mir verbracht hat, und später dann auch mit meiner Schwester. Aber er war noch das klassische Modell: morgens mit der Aktentasche ins Büro und abends zum Essen nach Hause. Ich versuche, das anders zu machen.

Meine Frau ist jetzt wieder voll berufstätig. Ich arbeite von sieben bis 14.30 Uhr, während Noah in der Krippe ist, die er seit seinem ersten Geburtstag besucht. Meine Elternzeit war vorbei. Die Zeit der Eingewöhnung in den Kindergarten hatten meine Frau und ich uns geteilt, kurz darauf ließ ich mich zum

Vorsitzenden des Elternbeirats wählen. Es ist lustig: Fast alle »leitenden« Positionen in den Kindergartengremien sind von Männern besetzt. Drei Väter – das hat es noch nie gegeben.

Ab 14.31 Uhr bin ich Hausmann und Papa. Manchmal spielt Noah nach der Kita noch bei seiner zweijährigen Freundin, wenn ich nachmittags einen Termin habe, das kommt jedoch sehr selten vor. Meine Frau ist gegen 18 Uhr zurück. Sie arbeitet Vollzeit in einer großen Chemiefirma.

Es fällt ihr nicht leicht, Noah tagsüber nicht zu sehen. Das hatte ich gar nicht erwartet. Meine Frau ist Südamerikanerin, sie spricht zwar fließend deutsch, kannte aber den Begriff »Rabenmutter« nicht, der ja leider nur in unserem Land so belastet daherkommt. Ich bin mir nicht sicher, ob sie sich als solche fühlt, aber es wurmt sie schon ein wenig, dass ich Halbtagsselbstständiger jetzt im Alltag viel mehr Bezugsperson für unseren Sohn bin als sie.

Schon morgens packt sie das schlechte Gewissen, wenn sie uns hier zurücklässt. Wir sitzen dann immer noch im Pyjama, wenn sie geht, trinken Milch beziehungsweise Kaffee und sind lustiger Dinge. Wenn seine Mama geht, weint Noah nicht, sondern winkt fröhlich. Wenn einer ein Drama aus dem Abschied macht, dann ist es nicht er, sondern meine Frau.

Sie kommt aus einem völlig anderen Kulturkreis, wo es die Großfamilie wirklich noch gibt. In Venezuela kümmern sich die Generationen umeinander. Meine Frau sagt immer lachend, wir Deutschen hätten wirklich ein Problem, weil wir uns mit dem bösen Begriff »Fremdbetreuung« so schwertäten.

Bevor wir mit der Kinderplanung anfingen, hatten wir lange Diskussionen: Meine Mutter war mit mir als Kleinkind die ersten drei Jahre zu Hause geblieben. Dann stieg sie ganz langsam stundenweise wieder in den Beruf ein und arbeitete halbtags an der Uni. Ich war in einem Kinderladen untergebracht, was damals in linksalternativen Kreisen sehr angesagt war.

Dieses Lebensmodell ist prägend und so war ich zumindest anfangs ein bisschen der Meinung, wir müssten es nachahmen. Ich bestand gar nicht unbedingt darauf, dass meine Frau zu Hause bleiben sollte. Aber mir war irgendwie wichtig, dass unser Sohn bis zum dritten Lebensjahr nicht fremdbetreut würde. Einen Plan, wie das funktionieren sollte, hatte ich aber nicht.

Meine Frau hielt meine Bedenken für völligen Quatsch. In Venezuela ist es absolut normal, dass Mann und Frau Vollzeit arbeiten gehen und die Kinder in einer Einrichtung oder von Verwandten betreut werden.

Ich hatte immer gedacht, dass gerade in solchen Ländern das gute alte Macho-Rollenverständnis herrscht: Die Frau bleibt zu Hause, hütet die Kinder und backt Kuchen. Aber dieses Modell habe ich dort nirgendwo entdeckt. Quer durch alle sozialen Schichten leisten sich die Familien eine Haushaltshilfe. Die Frauen gehen Vollzeit arbeiten.

Meine Schwester hatte ihre Tochter drei Wochen, bevor unser Sohn zur Welt kam, geboren. Sie arbeitet als Lehrerin in Hamburg, war zum Zeitpunkt der Entbindung gerade mal Berufs-Einsteigerin und wollte auf keinen Fall länger als ein Jahr pausieren. Ihr war klar: Sie stand gerade erst am Anfang ihrer Karriere und wollte nicht schon zu Beginn lange aussetzen. Unsere Mutter war anfangs ein bisschen skeptisch. Sie hielt keine Predigten, aber ab und zu ließ sie fallen, dass man sich genau überlegen sollte, sein Kind nicht zu früh wegzugeben.

Ich selbst finde, dass zumindest einer der Elternteile halbtags verfügbar sein sollte. Ich hätte kein Problem damit, wenn meine Frau ausschließlich das Geld nach Hause brächte, uns alle ernähren würde und wir einen gewissen Lebensstandard mit einem Gehalt aufrechterhalten könnten. Dann hätte ich vielleicht sogar den Vorstoß gewagt zu sagen: Ich bleibe mit dem Kleinen ganz zu Hause und verwirkliche mich als Schriftsteller in der Zeit, wenn er Mittagsschlaf hält, ansonsten gebe ich den Hausmann.

Ich genieße die Zeit mit Noah sehr. Ich kann ein wenig in meinem Beruf arbeiten und kriege vom Kind eigentlich alles mit. Für mich war es keine große Veränderung, denn ich habe schon vor meiner Elternzeit von zu Hause aus gearbeitet und ihn täglich im Flur mit seiner Mutter spielen und brabbeln gehört. Spätestens zum gemeinsamen Mittagessen haben wir uns dann immer wiedergesehen. Als selbstständiger Vater mit Home-Office war ich immer schon viel präsenter als einer, der tagtäglich ins Büro geht.

Vielleicht lächeln andere Männer über meine Sicht, vielleicht bin ich ja ein Freak. Aber meinen letzten Versuch, im Corporate-Umfeld Karriere zu machen, habe ich selbstbestimmt beendet. Ich merkte, dass es in meiner Welt nicht darum gehen sollte, bei Ränkespielen zu punkten, das Eckbüro und einen Dienstwagen zu ergattern oder den Parkplatz direkt am Firmen-Haupteingang zu reservieren. Ich legte keinen Wert auf diese Art Statussymbole. Obwohl mein Vater voll berufstätig war, war er mir ein Vorbild. Wie auch immer der Tag im Büro war, was er auch erlebt und was ihn gestresst hatte: Wenn er nach Hause kam, stellte er seine Aktentasche in die Ecke, lockerte die Krawatte und kam zu mir ins Zimmer. Dann bauten wir die Modelleisenbahn auf, konstruierten mit Fischertechnik oder stapelten Bauklötze. Er spielte lange und intensiv mit mir – zumindest kam es mir lange vor. Wir waren beide voll konzentriert, da konnte in der Tür stehen, wer wollte, wir blendeten alles aus. Diese Haltung fand ich ganz toll und habe sie verinnerlicht. Ich erinnere mich an Ausflüge an fast jedem Wochenende – ins Museum, ins Kasperltheater oder im Winter zum Schlittenfahren.

Meine Mutter war natürlich immer dabei, aber es ist schon symptomatisch, dass ich jetzt so viel von meinem Vater erzähle. Mit ihm Zeit zu verbringen war einfach etwas Besonderes, meine Mutter war ja immer für mich da. Das war nicht weniger schön, aber weniger außergewöhnlich. Natürlich litt sie ein bisschen darunter. Sie beklagt, dass stets der Kontakt mit unserem Vater hervorgehoben wird, obwohl sie es war, die uns immer überall hingebracht und den Alltag bewältigt hat.

Ich wollte immer viel Zeit mit meinem Kind verbringen. Ich finde nichts schrecklicher als Väter, die feststellen, dass sie viel von der Entwicklung ihres Kindes verpasst haben, wenn es längst zu spät ist. Ich strebe keine große Karriere in einem Konzern an, sondern ganz pragmatisch und positiv sehe ich zu, dass ich mit meiner Tätigkeit verlässlich zu unserem Lebensunterhalt beitragen kann. Wenn meine Frau noch mehr Geld verdienen würde und mehr Zeit in den Beruf investieren wollte – ich würde mich zurückhalten, ohne dass mir ein Zacken aus der Krone fiele.

Wenn Väter miteinander über die Frage diskutieren, ob die Familie noch ein zweites Kind möchte, landet man früher oder später bei der Betreuungssituation. Einer der Gründe, warum wir aufs Land gezogen sind, war, dass es hier hervorragende Betreuungsmöglichkeiten gibt. Einen Platz für Noah zu bekommen war daher leicht. Jeder unserer Freunde und Bekannten hier fand eine Unterbringung für sein Kind. Unsere Freunde aus der Stadt dagegen nicht. Von den elf Müttern, die meine Frau im Geburtsvorbereitungskurs kennengelernt hat, haben drei eine verlässliche Betreuung für ihr Kind. Die anderen acht sind immer noch Hausfrau, weil es für sie schier unmöglich ist, eine Tagesmutter zu bezahlen. Sie sagen, es lohne sich nicht, arbeiten zu gehen, wenn ein Großteil des Verdienstes für die Betreuung ausgegeben werden müsste.

Wir haben es selbst erlebt. Wir sind in Stuttgart suchend herumgelaufen, haben den Radius immer mehr erweitert, wir waren in allen möglichen Einrichtungen zu Gast. Es war immer das Gleiche: ein freundliches Gespräch, man zeigte uns die Räumlichkeiten. Dann legte man uns eine ellenlange Warteliste vor, auf der wir ganz unten bei Position 213 kleinlaut unseren Namen hinschreiben durften.

Ich hätte es von Seiten der Politik sinnvoller gefunden, statt Elterngeld zu zahlen ein tragfähiges Betreuungs-Konzept zu entwickeln. Die Menschen, die ich kenne, können es sich ohnehin nicht leisten, statt von ihrem Gehalt vom Elterngeld zu leben. Vielleicht kann man eine kurze Zeit überbrücken, so wie wir das auch getan haben. Aber direkt nach der Elternzeit muss ein Anschlussplan greifen, mit dem eine Betreuung gewährleistet ist.

Selbst meine Frau hat gezögert, scheinbar nur dafür arbeiten zu gehen, eine anständige Kinderbetreuung zu finanzieren. Da stehen sich Mütter auch gern mal selbst im Weg. Ich habe ihr gut zugeredet, denn es handelt sich schließlich um eine nachhaltige Sache: für die Berufserfahrung, den Lebenslauf und einfach, um den Fuß nicht ganz aus der Tür zu nehmen.

Noch viel schlimmer finde ich es, wenn die Kinder jeden Tag woanders geparkt werden, um Geld zu sparen. Anders kann man das dann kaum nennen. Wir haben Fälle im Bekanntenkreis, wo das Kind montags und dienstags bei einem Babysitter, mittwochs und donnerstags bei der Tagesmutter und freitags dann bei der Oma bleibt. Das ist keine ideale Situation. Da haben wir es besser, wir Väter, die wir nicht aus der Not heraus, sondern aus Spaß unsere Kinder betreuen. Unsere Mutter-Kind-Gruppe wird jetzt übrigens – nur meinetwegen – in »Mutter-Vater-Kind-Gruppe« umbenannt.

Für uns war der Umzug aufs Land eine Chance. Selbstverständlich möchte ich nicht die Auflösung der Städte als Lösung für die Kinderbetreuungsmisere propagieren. Aber für uns ist es ideal hier. Die Kinder kennen sich alle, die Eltern begegnen sich fast täglich beim Kinderturnen oder auf dem Spielplatz. Alle werden in der Kita von den gleichen Betreuern umsorgt, sie sind mit ihnen vertraut, haben geregelte Strukturen und die Eltern haben zudem auch noch Zeit für sich und ihre Arbeit.

Wenn ich meinen Sohn morgens fertigmache und er herumhüpft und sich spürbar auf die Krippe freut, dort auf die Erzieherinnen zuläuft und gleich mit seinen kleinen Freunden in der Spielecke verschwindet, dann kann ich mir nicht wirklich vorstellen, dass ihm das schaden soll.

Die Väter, die sich für Elternzeit entscheiden, werden immer mehr. Ich werde für mein Lebensmodell eigentlich von niemandem mehr schief angeguckt. Wenn ich mir die Männer im Freundeskreis anschaue, ging es eigentlich auch bei denen nicht um die Frage des »Ob«, sondern eher um »wann und wie lange«. Das zieht sich durch viele Schichten. Es ist nicht nur mehr der Akademiker-Papa, der sich zwei Monate Auszeit nimmt und die Frau sich nebenher trotzdem kümmert. Bei uns in der Gruppe ist ein Vater, der als ganz klassischer Arbeiter im Tiefbau in Österreich tätig ist. Beim zweiten Kind hat er mit Freuden vier Monate Elternzeit genommen.

Die gesellschaftliche Akzeptanz wächst. Ich wusste schon lange vor dem Elterngeld, wie ich als Vater sein wollte. Ich habe mir nie vorgestellt, ein Kind zu kriegen und eine Frau zu Hause zu haben, die mir als Hausfrau die Brote fürs Büro belegt. Das moderne Zusammenleben von Mann und Frau braucht ein anderes Rollenverständnis. Ich bin so erzogen worden, dass der Mann auch abwäscht und den Müll runterbringt. Ich habe gelernt, dass die Frau nicht nur Mama und Reinigungskraft ist und der Mann das Geld abends anliefert und dafür am gedeckten Tisch das größte Stück Fleisch bekommt.

Aus dem Verlagswesen kenne ich es, dass teilweise noch sehr patriarchalische Strukturen herrschen und klassische Hahnenkämpfe ausgetragen werden. Wenn da ein Chef sitzt, Ende 50, bei dem die Putzfrau regelmäßig wirbelt und die Frau sich um Kinder, Einkäufe und gesellschaftliche Verpflichtungen kümmert, dann hat es der junge Mitarbeiter Anfang 30 schwer, sechs Monate Elternzeit durchzusetzen. Weibliche Führungskräfte hätten vielleicht mehr Verständnis, wenn jemand kommt und in Elternzeit gehen will. Das Aufbrechen des Patriarchats in den Unternehmen ist in meinen Augen der Schlüssel zum Erfolg.

Noah soll auf keinen Fall alleine bleiben. Meine Frau ist gerade erst 31 geworden und möchte noch ein bisschen länger am Stück arbeiten. Wir können uns daher vorstellen, noch einmal ein bis zwei Jahre bis zum nächsten Kind zu warten. Auf jeden Fall wollen wir noch ein zweites. Noah ist ein prima Anfängerkind, sehr selbstbewusst, sehr offen, sehr gutmütig, er genießt das Leben und es macht wirklich einfach nur Spaß mit ihm. Und Elternzeit nehme ich dann beim Zweiten selbstverständlich auch wieder.

12

»Der Versuch, 200 Prozent zu schaffen«

Frauke, 46, Darmstadt, Diplom-Soziologin
Sohn Lux, 12
Sohn Bent, 8

Bunte Legobausteine auf einem schicken Schreibtisch. Das Foto auf der Homepage von Fraukes Agentur drückt aus: Kinder und Job gehören zusammen. Es ist ein Bild, das nicht bedrückt, sondern erleichtert, es handelt sich nicht um Fremdkörper, die nicht zusammenpassen. Stattdessen sieht es so aus, als gehörten die Legosteine genau dorthin, wo sie liegen.

Der Spagat zwischen Berufs- und Familienarbeit, so sagt Frauke, überfordert oft die Menschen, die beides wollen. Die Motivation sinkt, die Arbeitsleistung wird schlechter. Das macht Arbeitnehmer und Arbeitgeber unglücklich.

Frauke berät Unternehmen, die sich familienfreundlich aufstellen wollen, die innovative Modelle anbieten möchten, um ihre Leute zu halten oder sie schnell wieder an den Arbeitsplatz zurückzuholen. Mit zwei Kindern weiß sie genau, wovon sie redet. Erst recht, nachdem die Familie einen schweren Schicksalsschlag verkraften musste, der alles auf Anfang setzte.

Ich komme aus einer Familie mit hoher Frauenquote, in der immer alle Frauen gearbeitet haben. Meine Eltern trennten sich, als ich zwölf war, und ich habe früh gelernt, was Abhängigkeit bedeutet. Meine Mutter war ungern Hausfrau, schaffte aber den Schritt zurück in die qualifizierte Berufstätigkeit nie wieder.

Sie hatte leidenschaftlich gern in einer Bücherei gearbeitet. Als ich geboren wurde, musste sie aufhören. Es war damals nicht üblich, als Mutter weiterzuarbeiten. Leider hat sie mich später immer wieder sehr deutlich spüren lassen, dass ich der Grund war, dass sie ihre geliebte Arbeit aufgeben musste.

Meine Oma war immer selbstständig gewesen, sie hat ihr ganzes Leben gearbeitet und immer gepredigt: »Mach dich nie abhängig, du kannst Kinder kriegen, aber nur wenn du weißt, dass du sie im Zweifel auch selbst versorgen kannst.« Sie hatte immer versucht, diese Einstellung auch meiner Mutter nahezubringen. Meine Mutter schlug aber den anderen Weg ein. Sie dachte, er würde sich als der bessere erweisen. Mein Vater zahlte ausreichend Unterhalt, trotzdem war die Abhängigkeit von ihm immer spürbar. Sobald Sonderausgaben anstanden, musste ihn meine Mutter nach Geld fragen, meist sprang aber meine Oma ein.

In unserem gutbürgerlichen Umfeld arbeiteten Frauen nicht, selbst dann nicht, wenn sie meiner Meinung nach besser qualifiziert waren als ihre Ehemänner. Sie langweilten sich. Es hat sich mir deutlich vermittelt, wie unausgelastet man ist, wenn man sich nur auf Kinder und Haushalt konzentrieren muss, während man eigentlich gern andere Herausforderungen annehmen würde, für die man qualifiziert ist.

Für mich waren Abitur und Studium ein absolutes Muss. Niemand hätte mir in meine Planung hineinreden können, ich traf immer meine eigenen Entscheidungen. Dementsprechend überlegte ich auch bei keinem meiner Schritte, ob der später mal mit einer Familie vereinbar wäre. Ich musste mir etwas suchen, das mir das Gefühl gab, gut zu sein. Denn nur wenn du gut bist, hast du auch eine Perspektive. Es nützt nichts, BWL zu studieren, um »gute Aussichten« zu haben. Die Richtung hätte mir nicht gelegen. Soziologie reizte mich, ich konnte mir vorstellen, auf diesem Gebiet gut zu sein und meinen Lebensunterhalt damit zu verdienen.

Das Studium lieferte mir Schlüsselerlebnisse, die mich nachhaltig prägten. Fürs Vordiplom wurde ich von einer Professorin geprüft. Die lobte mich und teilte mir mit, dass meine Leistung sehr gut gewesen sei. Dann sagte sie: »Ich gebe Ihnen die Note Zwei, weil Frauen doppelt so gut sein müssen wie Männer. Das können Sie gar nicht früh genug lernen.« Ich war stinksauer, fühlte mich ungerecht behandelt und konnte mit dieser Aussage rein gar nichts anfangen. Der Co-Prüfer nahm es hin. Diese Professorin war eine Größe auf ihrem Gebiet und deshalb war klar, ich brauchte gar nicht erst anzufangen zu diskutieren. Sie hatte einfach mehr Macht. Ich vergrub mich in meinem politischen Engagement im Allgemeinen Studierendenausschuss und ließ mein Studium erst einmal brachliegen.

Als ich es mit mehr Engagement wieder aufnahm, hatte ich ein weiteres Schlüsselerlebnis. Ein Professor gab mir mein Referat mit den Worten zurück: »Das benote ich nicht, von Ihnen erwarte ich mehr.« Zum ersten Mal sagte mir jemand deutlich, dass von mir eine hervorragende Leistung erwartet würde. Jemand trieb mich an und plötzlich ruhte ich mich nicht mehr auf meinen bisherigen Erfolgen aus, sondern entwickelte Ehrgeiz.

In einem Seminar lernte ich meinen jetzigen Mann kennen, als wir beide kurz vor dem Abschluss standen. Ich hatte lange studiert, aber nebenbei immer auch gearbeitet. Von meinem Vater hatte ich nur den Mindestunterhalt eingefordert, er hätte mir auch mehr überwiesen, aber ich wollte weitestgehend für mich selbst sorgen. Ich war aber trotzdem etwas schneller fertig mit dem Studium als mein späterer Mann. Wir trafen die folgende Absprache: Wer die erste Anstellung bekommt, bestimmt den Wohnort.

Bereits vor meinen letzten Prüfungen hatte ich das Angebot bekommen, an der Uni als wissenschaftliche Mitarbeiterin weiterzuarbeiten. Ich nahm an. Wir blieben in Darmstadt. Mein Mann wurde ebenfalls mit seinem Studium fertig und suchte sich eine Arbeitsstelle im Umkreis. Ich fragte ihn, ob er mich heiraten wolle. Ein Freund passte jetzt nicht mehr zu meinem Lebensgefühl. Zu dem Zeitpunkt wurde das Namensrecht geändert. Plötzlich war es möglich, dass jeder seinen Namen behielt. Für mich wäre es indiskutabel gewesen, meinen Namen jemals aufzugeben. Von meinem Mann wollte ich das ebenfalls nicht verlangen. Die äußeren Rahmenbedingungen zum Heiraten waren also ideal. Nach zwei Wochen sagte er Ja.

Über Kinder haben wir nie konkret gesprochen. Nur so allgemein: Irgendwann wollten wir irgendwie auch Kinder haben.

Das Einzige, was ich nicht müde wurde zu betonen: Ich werde niemals ausschließlich Hausfrau und Mutter. Für meinen Mann war das völlig in Ordnung, auch er hätte nicht Hausmann sein wollen.

Ich wurde schwanger, als ich gerade den ersten Forschungsauftrag als Selbstständige bekommen hatte. Es war eine lukrative Zeit, da die Hochschulen viele Mittel für externe Kräfte ausgeben konnten und ich nach wie vor gute Kontakte hatte.

Dieser erste Job war auf mehr als zwei Jahre angelegt, eine Anschlussarbeit war so gut wie sicher, die Leitung von Seminaren stand auch in Aussicht. Es war klar, es würde eine ständige Zuarbeit sein. Ich begann zu rotieren, erkundigte mich überall nach den Möglichkeiten der Kinderbetreuung. Ich wollte meine Schwangerschaft erst öffentlich machen, wenn ich im gleichen Atemzug erzählen konnte, wie mein Kind betreut sein würde.

Im Jugendamt erkundigte ich mich nach Krippenplätzen. Ich wurde gefragt, wie alt das Kind denn sei. Ich gab den errechneten Geburtstermin im Mai an. Die Sachbearbeiterin bat mich, mich erst wieder zu melden, wenn das Kind auf der Welt sei. Ich war verzweifelt, ich musste doch in diesem Moment planen, konnte keine Unwägbarkeiten zulassen. So etwas gäbe es nicht, hörte ich von der Jugendamts-Mitarbeiterin. Sie könne mir nicht helfen.

Ich organisierte mich dann privat: Die Tochter einer Freundin machte gerade Abitur und plante, im Anschluss in Darmstadt zu studieren. Sie wurde unser Kindermädchen. Im Nachhinein fiel mir auf, wie selbstverständlich ich mich alleine um die Frage der Kinderbetreuung und um die Organisation gekümmert hatte. Mein Mann war zwar als Gesprächspartner zugegen, aber zum Telefonhörer gegriffen und etwas organisiert hätte er nie.

Ich habe bis zwei Tage vor Lux' Geburt gearbeitet. Er kam am Pfingstsamstag ohne Komplikationen zur Welt, mein Mann hatte frei. Unser Start war wunderbar. Meinen ersten beruflichen Termin nahm ich drei Wochen nach der Geburt wahr. Die meisten Leute in meinem beruflichen Umfeld hatten keine Kinder. Ich hatte sie aber problemlos davon überzeugen können, dass sich durch ein Baby bei mir arbeitsmäßig rein gar nichts ändern würde. Nach meinen Mutterschutz-Wochen stünde ich wieder zur Verfügung.

Den Satz »Ein Kind gehört zur Mutter« hörte ich eher im privaten Umfeld. Aber auf dem Ohr war ich sehr taub. Meine Schwiegermutter fand es unmöglich, wie wir uns organisierten. Sie wäre aber auch nicht eingesprungen, um uns zu entlasten. Auch meine Mutter fragte nach, ob es denn keine Alternative zu meiner Berufstätigkeit gäbe. Die gab es aber nicht.

Diese entschlossene Haltung hat mir geholfen, selbstbewusst aufzutreten. Ich versteckte mich auch nicht hinter den Zwängen eines bereits geschlossenen Vertrags. Ich habe jedem offen erklärt, dass ich meine Aufträge nicht erfüllen muss, sondern dass ich es will. Durch mein Studium und die damit verbundene Frauenforschung war ich argumentativ gestählt. Ich hatte den Ehrgeiz entwickelt zu zeigen, dass die Vereinbarkeit von Kind und Beruf funktioniert und lediglich eine Sache der Haltung und der Organisation ist.

Das erste Jahr war das einfachste und somit beste. Die Kinderfrau und ich ergänzten uns hervorragend, die Weichen waren gestellt. Dann veränderte sich unser Leben radikal.

Mein Mann hatte einen schweren Autounfall. Es war nicht klar, ob er überleben würde. Und wenn, wie er überlebt. Für mich ergab sich daraus ein Wahnsinns-Pensum, Arbeit rund um die Uhr, durchwachte Nächte. Unser Leben erfuhr eine Zäsur.

Ohne den Unfall, der mein Leben wie einen Film einfach anhielt, wäre ich wahrscheinlich eines Tages zusammengebrochen. Ich hatte zu viel von mir verlangt. Vielleicht wäre sogar unsere Ehe zu Bruch gegangen, weil auch mein Mann ein Workaholic ist und über die Grenzen seiner Belastbarkeit arbeitete. Ich habe mir oft überlegt, wie wohl unser Leben verlaufen wäre, wenn es diesen Unfall nicht gegeben hätte, der alles auf null setzte.

Wir hätten wohl einfach so weitergemacht, mein Mann und ich und unser Sohn. Das erste Jahr mit einem Kind ist insofern relativ einfach, weil es im Grunde ziemlich egal ist, wer aufpasst. Selbst das Stillen ließ sich mit Hilfe der Kinderfrau sieben Monate lang gut organisieren. Mein Büro war im Haus, sie rief mich, wenn Lux Hunger anmeldete, oder sie brachte ihn mir.

Nach dem ersten Jahr, wenn die Kinder anfangen zu laufen und beginnen zu fremdeln, wird es schwieriger. Dann braucht es noch festere Strukturen. Ich konnte nicht mehr einfach nebenher arbeiten, während er auf meinem Schoß lag. Als Baby schlief er viel, er lag neben mir und war völlig zufrieden, wenn ich ab und an mit ihm redete oder ihn hochnahm. Jetzt forderte er viel mehr Aufmerksamkeit. Gleichzeitig war unsere Kinderfrau durch ihr Studium zeitlich nicht mehr so flexibel. Wir hätten eigentlich eine zweite Kraft gebraucht, aber mein Sohn fing an zu fremdeln.

Ich war am Limit, lief rund um die Uhr auf 100 Prozent. Es gab keine noch so kleinen Lücken, mich zu erholen. Ich versuchte ständig herauszufinden, ob nicht auch 200 Prozent möglich waren.

In der Nacht hatte ich gerade noch den großen Evaluationsbericht für ein wichtiges Projekt ausgedruckt. Die Polizisten klingelten mich morgens aus dem Bett. Als sie vor mir standen, wusste ich, dass sich gerade mein Leben veränderte. Sie teilten mir mit, mein Mann hätte einen Unfall gehabt und sie wüssten nicht, ob er den Weg ins Krankenhaus geschafft hätte und wohin er gebracht worden sei. Die Beamten fragten, ob ich jemanden hätte, der sich um das Kind kümmern könnte, nachdem sie nach einigen Telefonaten herausgefunden hatten, in welchem Krankenhaus mein Mann lebend angekommen war. In meinem Kopf wurde eine Art Notstrom-Aggregat angeschaltet. Wie in einem Computer wurden meine nächsten Schritte beinahe maschinell gesteuert. Als ich im Krankenhaus ankam, wurde er immer noch operiert. Es hatte Komplikationen gegeben und statt der angesetzten drei Stunden dauerte die OP sieben.

Freundinnen von mir übernahmen meinen Sohn. Ich verfügte über ein großartiges Netzwerk, meine beste Freundin zog noch am Abend bei mir ein. Alle anderen Freundinnen, die mit mir in einem Promotionskolloquium waren, wurden kollektiv von unserer Professorin freigestellt, damit sie mich unterstützen konnten. Ohne diesen Rückhalt hätte nichts funktioniert.

Nach der OP wurden die Chancen wie folgt prognostiziert: Zu einem Drittel stirbt er, zu einem Drittel hat er bleibende Schäden und zu einem Drittel überlebt er ohne bleibende Schäden. Ich wachte jeden Tag stundenlang bei ihm im Krankenhaus. Aber ich war mir absolut sicher, dass mein Mann es ohne bleibende Schäden schaffen würde. Die ersten beiden Wochen waren noch kritisch, nach zwei weiteren Wochen war klar, er wird überleben. Ungewiss war allerdings noch das Ausmaß an Folgeschäden.

Später ließ ich ihn in eine berufsgenossenschaftliche Klinik verlegen. In den darauffolgenden sechs Monaten wurde er mehrfach operiert. Ich wartete immer im Aufwachraum, wenn er aus dem OP kam. Es war eine sehr belastende Zeit, in der ich mein Arbeitspensum auf null setzte und meine Aufträge an Kolleginnen abgab.

Mein Sohn überstand diese Zeit anfangs klaglos. Obwohl er durch meine Dauerpräsenz im Krankenhaus meist auf uns beide verzichten musste. Er kompensierte das auf seine Art: Als mein Mann stabil war, bekam Lux eine Mittelohrentzündung. Von dem Tag an wechselten sich meine beiden Männer ab – ging es dem einen besser, verschlechterte sich der Zustand des anderen. Für mich war das eine harte Zeit.

Ich nahm Lux oft ins Krankenhaus mit, nachdem ich einmal erlebt hatte, wie sich die beiden nach drei Wochen regelrecht fremd geworden waren. Also verlegte ich unser Familienleben ans Krankenbett meines Mannes, was Monate später den Wiedereinstieg in die Normalität zu Hause sehr erleichterte.

Lux bekam einen Krippenplatz und mein Mann konnte wieder auf seiner alten Arbeitsstelle anfangen. Er musste allerdings beweisen, dass er noch der Alte war. Er meisterte die Situation wunderbar und schaffte alles, was er sich vorgenommen hatte. Jetzt fiel ich in eine Erschöpfungsdepression.

Ich saß an meinem Auftrag und merkte: Ich schaffe das nicht. Meine Kraft reichte gerade noch dazu, morgens meinen Sohn in die Krippe zu bringen und mich bis zum Mittag so weit zu erholen, dass ich in der Lage war, ihn wieder abzuholen. Mehr war nicht drin. Ich musste den Auftrag zurückgeben. Das war ein derart einschneidendes Erlebnis, dass ich zwei Jahre brauchte, um mich wieder an einen Job heranzuwagen. Meine Psychologin schickte mich gemeinsam mit meinem Sohn zur Kur.

Die Mutter-Kind-Kur war alles andere als erholsam: Mit 100 Personen in einem riesigen Essenraum, darunter lauter Kinder. Mein Sohn wollte nicht in die Betreuung, es war ihm zu laut und zu fremd. Er musste jedoch dort bleiben, während ich meine Anwendungen hatte. Ich befand mich permanent unter unglaublichem Druck. In Zukunft gilt: Lieber eine Woche ohne Kind irgendwohin, als drei Wochen mit ihm zusammen.

Wieder zu Hause, musste ich mich ganz langsam an die Arbeit herantasten. Ich begann mit Ehrenamtstätigkeit, dann nahm ich einen ganz kleinen Auftrag an. Ein netter Zuverdienst, nicht existenzsichernd, eher eine Art Therapieschritt.

Meine Freundinnen stützten mich, sie sagten: »Jetzt mach langsam, lass einfach mal zu, dass du kein Geld verdienst.« Meine Rücklagen waren aufgebraucht. Die Existenzsicherung war mir genauso wichtig wie mein Verlangen, etwas zu tun, womit ich nicht nur um mich selbst, das Kind und die Küche kreiste. Ich brauchte einfach Futter fürs Hirn.

Ich weiß noch, wie überfordert ich mich nach der Geburt fühlte, als ich mein kleines, zerbrechliches Kind wickeln und für meinen Sohn sorgen sollte. Und wie sicher ich war, als ich das erste

Mal wieder an meinem Schreibtisch saß, um zu arbeiten. Meinen ersten kleinen Auftrag konnte ich ausführen. Dann wurde ich mit dem zweiten Kind schwanger. Mein Mann war begeistert. Ich war noch ambivalent, weil ich mich bisher nicht ausreichend mit der Möglichkeit eines zweiten Kindes auseinandergesetzt hatte. Das Leben hatte die Entscheidungsfindung überholt. Wahrscheinlich war es gut so, sonst würde ich vermutlich immer noch überlegen.

Es war klar, dass es in dieser Situation noch schwieriger sein würde, einen beruflichen Wiedereinstieg zu finden. Gleichzeitig war ich nicht mehr so fanatisch perfektionistisch, dass ich mich ständig beweisen musste. Durch den Unfall meines Mannes hatte ich gelernt, Hilfe anzunehmen und zu akzeptieren, dass ich alleine nicht alles immer gleichzeitig schaffen kann.

Als Bent geboren wurde, arbeitete ich sehr viel ehrenamtlich, weil ich etwas tun musste, mir aber eine bezahlte Tätigkeit noch nicht zutraute. Der Leistungsdruck wäre noch zu groß gewesen. Lux war mittlerweile im Ganztageskindergarten untergebracht, dort meldete ich auch Bent an, mit einem Jahr würde er in die angeschlossene Krippe gehen.

Ich nahm kleine Aufträge an und merkte, wie ich nervlich stärker wurde und mit größeren Herausforderungen umgehen konnte. Weil Bent seinen Krippenplatz erst ein paar Monate nach seinem ersten Geburtstag antreten konnte, engagierten wir eine Tagesmutter und auch mein Mann übernahm mehr Betreuungsaufgaben.

Meine Einkünfte waren immer noch niedriger als das, was die Tagesmutter verdiente. Aber es war mir eines Tages endlich möglich, mich von dem Gedanken zu lösen, dass ICH das Geld für die Betreuung verdienen musste. Fortan sprachen wir von einem Familieneinkommen.

Was die Vereinbarkeit von Familie und Beruf angeht, bin ich beruflich und privat Expertin. Nicht nur organisatorisch, sondern auch, was die tiefergehenden psychischen Probleme angeht. Ich habe so viel selbst erfahren und reflektiert, dass ich genau weiß, was sich alles hinter Regeln, Strukturen und Organisation verbirgt. Ich berate Unternehmen, damit sie familienfreundlicher werden, bessere Arbeitsbedingungen schaffen und dadurch motivierte, effizient arbeitende Mitarbeiter erhalten.

Der Wunsch, alles unter einen Hut zu bekommen und dabei glücklich zu sein, muss natürlich mit der Realität in Einklang gebracht werden. Und da halte ich es eher mit der Literatur-Journalistin Iris Radisch, die sagt, es gäbe in Wahrheit nichts zu vereinbaren, sondern nur zu addieren.

In den letzten Jahren ging es in Diskussionen immer darum, wie man eine Familie so optimieren kann, dass sie möglichst reibungslos ins Arbeitsleben passt. Mittlerweile glaube ich, dass wir beidem seine Berechtigung zurückgeben müssen. Beide Bereiche haben ihre eigenen Rahmenbedingungen, eigene Zeitstrukturen und eigene Bedürfnisse. Sie lassen sich nicht ohne Weiteres zusammenführen.

Flexibilität und Entgrenzung von Arbeitszeit – die Möglichkeit, dass man heute quasi überall jederzeit arbeiten kann und nicht mehr nur an bestimmte Orte gebunden ist – hat auch seine Nachteile. Man muss sehr, sehr diszipliniert sein und nach außen vertreten können, was Arbeitszeit und was freie Zeit ist.

So schön ich das Bild immer fand, mit einem Kunden zu telefonieren, während man auf dem Spielplatz sitzt oder an der Supermarktkasse steht – es ist eben auch irre anstrengend. Im Notfall kann man das mal tun. Aber wir gehen immer mehr dazu über, aus einem Notfall eine Normalität zu stricken. Damit rennen wir in eine absolute Überforderung. Wir müssen lernen, dass nicht alles, was möglich ist, auch ideal ist. Und dass man nicht alles dem Erwerbsleben unterordnen muss.

Es hilft nicht, die Familie perfekt zu strukturieren, damit sie möglichst reibungslos in den Arbeitsalltag passt. Das überfordert sie, es überfordert die Kinder. Es überfordert auch die Eltern. Die berufstätige Mutter muss eine klare Grenze ziehen und rechtzeitig sagen: »Das geht nicht, das mache ich jetzt nicht. Ich bin nicht erreichbar und das muss auch nicht sein.« Ich muss selbst frühzeitig für mich Auszeiten einplanen.

Die Frauen alleine werden das nicht schaffen. Die Väter stehen bereit und diese Bereitschaft muss man ernst nehmen und fördern und die Männer auch in die Pflicht nehmen. Der Mann ist kein Praktikant, er ist Vater und muss genauso in die Elternrolle reinwachsen wie die Mutter.

Und die muss sich von der Vorstellung verabschieden, dass der Mann nur zweite Wahl ist. Er macht es sicher anders, aber anders muss nicht schlechter sein. Frauen müssen lernen abzugeben. Wenn ich meinem Kind bei kalten Temperaturen gern auch noch den fünften Schal umwickeln würde, sich mein Mann aber, der gerade zuständig ist, für nur einen Schal entscheidet, dann ist das so beschlossen. Da darf ich auch nicht hinterherrennen und noch vier weitere Schals um das Kind schlingen oder mit meinem Mann Diskussionen anfangen. In diesem Moment ist es seine Verantwortung, seine Entscheidung. Punkt. Auf dem Weg zu mehr Freiheit sollten die Mütter lernen: Lasst die Männer Väter sein!

13

»Ein Mann macht
so was nicht«

Markus, 43, Schneverdingen, Verkaufsleiter
Sohn Jannick, 1

*Elternzeit sei fast so schlimm wie Werkspionage. Das war die
erste Reaktion auf Markus' Ansinnen, für seinen Sohn eine
Pause im Beruf einzulegen. Es wurde unverhohlen deutlich:
Das Recht war selbstverständlich auf seiner Seite. Die Unterstützung des Arbeitgebers allerdings nicht.*

*Kind oder Karriere? Vor diese Entscheidung stellte ihn sein
Boss. Markus entschied sich für seinen Sohn.*

Wir waren zwei Kollegen, die sich die ausgiebigen Geschäfts-
reisen teilten: Mein Kollege deckte Süddeutschland ab, ich
den Norden. Als er kündigte, wurde die Stelle nicht neu besetzt
und ich musste sein Gebiet zusätzlich übernehmen. Ich hatte bis
80 Kilometer hinter München zu tun. Mehrere Tage im Monat war
ich allein 800 Kilometer von zu Hause entfernt.

Aussicht auf Besserung gab es nicht, die Position sollte auch
auf längere Sicht nicht ausgeschrieben werden. Auch die Zentrale
hatte ihren Sitz in Süddeutschland, dort war ich für die Produkt-
entwicklung zuständig und musste häufig vor Ort sein.

Als meine Frau mit Jannick schwanger wurde, beschlossen wir,
die Notbremse für die ganze Familie zu ziehen: Ich wollte zwölf
Monate Elternzeit nehmen. Meine Frau, die als Verkaufsleiterin
einer großen Firma arbeitet, plante eine kurze Pause und dann
einen Wiedereinstieg in Teilzeit.

Ich hatte gehofft, dass mein Chef mit mir gemeinsam überlegen
würde, wie ich in Zukunft Familie und Beruf unter einen Hut
bekommen könnte. Er hatte Verständnis für private Bindungen.
Einen Monat vor der Geburt meines Sohnes bekam ich aber einen
neuen Vorgesetzten. Er war ein knallharter Geschäftsmann, der
mehrere Jahre in Asien und den USA gearbeitet hatte. Er hatte
eine völlig andere Sicht auf Familiendinge und in seinen Augen,
weltgereist, wie er war, lagen Hamburg und München nicht weit
auseinander. Er war rund zehn Jahre älter als ich und gewohnt,

sich ausschließlich nach den Bedingungen des Arbeitgebers zu richten. Familienwünsche über berufliche Anforderungen zu stellen, fand er absurd.

Selbstverständlich setzte er voraus, dass ich nach München ziehen oder zumindest drei Tage pro Woche in der Stadt sein würde. Dass ich schon vor seinem Antritt meinen Wunsch nach Elternzeit bekannt gegeben hatte, ignorierte er. Immer wieder sprach er mich auf einen Umzug nach München an und versuchte, meine Pläne zu beeinflussen. Ich war erfolgreich in der Firma, das konnte er nicht wegdiskutieren. Die Entscheidung, mich einzustellen und mich im Home-Office im Norden arbeiten zu lassen, hatte jedoch nicht er getroffen. Das hatte er zähneknirschend von seinem Vorgänger übernommen. Sein Plan sah aber vor, in Zukunft alle Verkaufsleiter in seinem Umfeld zu haben.

Er ist ein Macher, für den ständig alle Mitarbeiter verfügbar sein sollten, um morgens spontan ein Meeting anberaumen und um jederzeit jeden Angestellten vor Ort im Büro ansprechen zu können. Er verlangte sich selbst viel ab, das Gleiche aber leider auch von seinen Leuten.

Ich hatte immer von zu Hause aus gearbeitet, wenn ich nicht im Gebiet unterwegs war. Für die Zeit nach der Elternzeit hatte ich mir vorgestellt, dass ich in 20, 30 Stunden im Monat die wichtigsten Kunden betreuen würde und bei entscheidenden Sitzungen dabei sein und somit am Ball bleiben könnte. Mein alter Chef war davon nicht begeistert, aber er hielt es für machbar.

Die ersten Gespräche mit dem neuen Vorgesetzten verliefen freundlich. Er ist ein Profi. Man suche Lösungen, die für alle Beteiligten attraktiv wären. Sein Ziel war es immer, mich davon zu überzeugen, nicht in Elternzeit zu gehen. Dann bestätigte ich ihm noch einmal schriftlich, dass ich zwölf Monate weg sein würde. Nach langem Zerren und Nachfassen willigte ich schließlich doch ein, in ganz kleinem Rahmen der Firma weiterhin zur Verfügung zu stehen.

Wir probierten ein Teilzeit-Modell aus. Im ersten Monat arbeitete ich 140 Stunden und im zweiten 120 Stunden. Ich hing ständig am Telefon und am Computer. Es gibt Back-Office-Aufgaben, die meine Kollegen mit erledigen sollten. Das haben sie dann natürlich eher nicht getan. Also blieb alles an mir hängen.

Mein typischer Arbeitstag war kaum erträglich. Manchmal wurde ich für zwei Tage zu einer Sitzung in die Zentrale bestellt. Ich fuhr abends um zehn Uhr nach Hannover zum Bahnhof, dann mit dem Nachtzug nach München, morgens um halb acht holte mich dort ein Kollege ab, dann ging es noch mal ein Stück mit dem Auto zur Firma außerhalb Münchens, zwei Tage Sitzung und um 18 Uhr wieder zum Hauptbahnhof München und in den ICE zurück. Das waren dann schon die avisierten 30 Stunden. In zwei Tagen.

Mein Chef bot die Lösung an, dass ich für kurze Zeit ganz aussetzen und dann nach drei Monaten wieder in Vollzeit auf meinen Arbeitsplatz zurückkehren sollte. Ich bliebt standhaft: Ich wollte zwölf Monate Elternzeit in Anspruch nehmen. Im Kollegenkreis blieb man neutral, obwohl der neue Chef einen Wahnsinnsdruck auf alle machte, weil er selbst unter massiver Beobachtung der Konzernchefs stand. Das ganze Unternehmen rotierte. Einige der Kollegen hatten ebenfalls kleine Kinder, theoretisch haben sie meine Pläne zwar unterstützt, aber nicht in dem Maße, wie sie es hätten tun müssen, damit ich entlastet würde. Sie hatten einfach selbst zu viele Aufgaben. Statt 50 bis 60 Stunden hätten sie dann 70 bis 75 arbeiten müssen.

Ich ging in Elternzeit. Der neue Chef begann drei Monate später, die ganze Firma umzustrukturieren. Meine Position wurde nicht neu besetzt, sondern aufgeteilt auf Leute, die bereits andere Positionen innehatten. Dies war genau mein Vorschlag gewesen, den ich anfangs gemacht hatte. Aber der Chef wollte sich die Mühe nur einmal machen. Er teilte meinen Arbeitsplatz auf und ließ mich außen vor. Nach drei Monaten fragte er mich noch einmal, ob ich zurückkommen wolle. Nach fünf Monaten erneut, auch nach sechs. Dann war Sendepause.

Bis dato hatten wir freitags immer eine kurze Telefonkonferenz, in der alle Neuigkeiten kurz beraten wurden. Als mein Chef von jetzt auf gleich für mich nicht mehr zu sprechen war, ahnte ich schon, was das bedeutete. Das Letzte, was ich erfuhr, war mein neues Aufgabengebiet nach meiner Rückkehr aus der Elternzeit: Ich sollte nicht mehr für Deutschland zuständig sein, sondern für Russland, Mazedonien und Moldawien. Dafür hatte sich niemand sonst bereit erklärt.

Die zweite Bedingung für meine Weiterbeschäftigung war, dass ich endgültig nach München ziehen sollte. Wir hätten im Team zu arbeiten und das ginge nur schnell und effektiv, wenn alle im direkten Umfeld wohnten.

Meinem Chef muss klar gewesen sein, dass ich bei mindestens einer der zwei Anweisungen nicht zustimmen würde. Die Besprechungen, die wir dazu hatten, fanden stets auf dem Hamburger Flughafen statt – mein Chef, ein Personaler und ich. Die Stimmung war distanziert.

Während meiner Elternzeit war klar, wer am längeren Hebel sitzt. Rein rechtlich konnten sie mich nur auf Veränderungen hinweisen und mussten mich informieren. Ich war schon sechs Monate draußen. Damit hatte ich mir jegliche faire Behandlung verscherzt. Das ist ein ungeschriebenes Gesetz.

Eine meiner Kolleginnen, fünf Jahre jünger als ich, hatte im Jahr vorher ein Kind bekommen. Auch sie hatte im Außendienst gearbeitet. Ihr hatte man ganz klar gesagt, man würde ihre Kunden sechs Monate für sie reservieren, keinen Tag länger. Dieses halbe Jahr scheint die magische Grenze zu sein, wie weit das Unternehmen eine Überbrückung für möglich hält. Aber in Wahrheit will man gar keine Extrawürste, es hätte nicht zu dem strengen, harten, neuen Führungsstil gepasst. So mürbe mich das alles machte, mein Entschluss stand fest. Ich hatte Teilzeit angeboten und hatte mich flexibel gezeigt. Aber die Vorgesetzten beharrten auf ihrer Position, wollten sich jede Mühe ersparen und waren deutlich keinesfalls kompromissbereit.

Als man mir Moldawien und Russland anbot, habe ich meine Meinung dazu nicht geäußert. Ich verhielt mich zunächst neutral, habe weder Ja noch Nein gesagt, sondern, ich müsse mir das überlegen. Ich weiß nicht, welche Mühlen gemahlen hätten, wenn ich mich damals schon deutlich positioniert hätte. Ich war diplomatisch, bedankte mich für die Informationen. Warum sollte ich mich in der Elternzeit in irgendeine Richtung drängen lassen?

Versucht haben sie es natürlich. Als vorgezogene Prämie durfte ich den Firmenwagen in der Elternzeit weiterfahren. Nach sechs Monaten wollten sie ihn mir wieder wegnehmen. Dann kam eine E-Mail, dass der Wagen gebraucht würde. Es war vereinbart, dass ich das Auto für zwölf Monate nutzen und als Prämie verrechnen konnte. Der Wagen wurde nicht gebraucht, er hätte in der Firma auf einem Dauerparkplatz gestanden. Es gibt E-Mails, die unsere Absprache belegen, vor Gericht zählen sie aber nicht, wenn es hart auf hart kommt. Mir wurde gesagt, der Wagen müsse eingezogen werden. Ich entgegnete, dann müssten sie ihn selbst abholen. Es ging ein paar Mal hin und her, dabei wurde viel gedroht, dann war die Zeit um und ich habe ihn doch behalten dürfen.

Das war aber nur der Startschuss für weitere Schikane. Eine Woche vor Ende der Elternzeit bekam ich die nächste Einladung für ein Meeting am Flughafen Hamburg. Offiziell ging es im Betreff um den Firmenwagen. Mir war klar: Das war vorgeschoben. Meine Vermutung bestätigte sich. Beim Treffen wurde mir eröffnet, dass meine Stelle nicht mehr existierte und ich mit einer Kündigung zu rechnen habe. Mein Chef und die bezaubernde Anwältin machten mir deutlich, dass sie mich in der Zentrale nicht mehr sehen wollten. Das versuchten sie händeringend zu vermeiden, schon allein um unter den Mitarbeitern keine schlechte Stimmung aufkommen zu lassen.

Ich nahm meine Kündigung zur Kenntnis, machte den beiden aber deutlich, dass ich mir sehr wohl vorbehielt, in die Firma zu fahren, um meine Kollegen und auch den Betriebsrat persönlich zu sprechen. Dann wurde gerechnet: Mit welcher Abfindung würde ich wohl zufrieden sein im Gegensatz zu dem, was mir maximal zustünde? Würde ich mir einen Anwalt nehmen?

Ich hätte ein juristisches Tauziehen veranstalten können. Ganz sauber ist es natürlich nicht, gleich nach der Elternzeit zu kündigen. Aber dann hätten sie mir das Leben zur Hölle gemacht. Was hätte ich gegen Besprechungen in der Zentrale, die für montagmorgens um acht und freitagabends um 18 Uhr angesetzt wurden, machen sollen? Schikane lässt sich nur schwer beweisen, geschweige denn, in juristische Argumente fassen.

Bevor ich in Elternzeit gegangen bin, musste ich eine Erklärung unterschreiben, dass ich keine Teilzeitarbeit wünsche und kündigen müsse, sollte ich nach der Rückkehr nicht wieder meine volle Arbeitsleistung zur Verfügung stellen.

Nach dem Gespräch am Flughafen war ich getroffen, obwohl ich bereits auf das Schlimmste vorbereitet war. Nichts war überraschend für mich an dem Tag. Schon als man mir Russland als Arbeitsgebiet in Aussicht gestellt hatte, wusste ich, woher der Wind weht. Mein Chef hatte mir ja immer deutlich zu verstehen gegeben, was er von Vätern in Elternzeit hielt. Drei Monate seien schlimm, sechs Monate der Gipfel, aber zwölf Monate seien eine Unverschämtheit und Illoyalität, vergleichbar mit Werkspionage: Gesetze ausnutzen auf Kosten der Firma, sich zu Hause hinsetzen und faulenzen. Ich wollte nicht zurück in dieses Unternehmen. Mein Anwalt sagte, formaljuristisch sei es wichtig zu klagen, die Abfindung würde man dadurch nicht so schnell riskieren. Die Kündigungsschutzklage wurde eingereicht. Zum Schlichtungsgespräch kam es dann schon nicht mehr.

Es gab eine Gesetzeslücke, die ich beachten musste: Wenn man direkt nach der Elternzeit arbeitslos wird, ist es nicht so leicht,

Arbeitslosengeld zu berechnen. Ein Jahr Pause geht noch, aber dann wird es eng. Und ich wollte auf Nummer sicher gehen, damit ich nicht wegen ein paar Arbeitstagen zu wenig Arbeitslosengeld bekommen würde. Ich verlangte deshalb eine erweiterte Kündigungsfrist und 150 weitere Arbeitstage. Die sollten als Grundlage für die Berechnung dienen.

Das Ende vom Lied: Ich bin mit einer Kündigungsfrist von sechs Monaten entlassen worden, habe die Kündigung angenommen und bin jetzt eigentlich noch Mitarbeiter, aber freigestellt. Nächste Woche fange ich eine neue Stelle an. Mit meiner alten Firma gibt es eine Vereinbarung, dass ich innerhalb von 14 Tagen kündigen kann und den Restbetrag an Gehalt als Abfindung bekomme. Ich werde wieder vom Home-Office aus arbeiten, die Zentrale der neuen Firma ist nicht mehr so weit weg und ich muss nicht mehr so viel unterwegs sein.

Unterm Strich war die Elternzeit diesen Kampf wert. Der Chef hätte mich so oder so früher oder später gezwungen, nach München zu ziehen. Davon abgesehen: Diese intensive Zeit als Vater mit dem Kind ist eine tolle, einmalige Chance. Wir würden jederzeit wieder so entscheiden. Dazu kommt, dass meine Frau einen großartigen Chef hat, der Mütter bei der Vereinbarkeit von Kind und Beruf sehr unterstützt.

Ich hätte nicht gedacht, dass wir in Deutschland noch so rückständig sind: Viele Männer nehmen nur zwei Monate Elternzeit und die Frauen bleiben trotzdem zu Hause. Ich habe in unserer Umgebung nach anderen Vätern in Elternzeit gesucht, um mich mit ihnen auszutauschen. Ich fand nur einen. Seine Frau wollte gerne bei den Väter-Treffen dabei sein.

Frauen und Männer müssen noch viel offener werden. Wir Väter, die wir uns berufliche Auszeiten für das Kind nehmen, gelten oft noch als Weichei, Waschlappen oder Faulpelz.

In Krabbelgruppen, gerade in ländlichen Gegenden wie bei uns, wurde ich angeschaut wie ein Alien, wenn ich erzählte, dass unser Sohn zum ersten Mal durchgeschlafen hatte. Die Mütter im Kreis fragten sich, wovon ich redete. Wenn es sich um Gruppen handelte, zu denen beide Elternteile kamen, dann sprachen die Frauen und die Männer nickten nur. Einmal erzählte mir ein Vater hinterher im Vertrauen, dass er jetzt auch einmal die Flasche gegeben habe und das richtig lernen möchte. Das Kind war sieben Monate alt! Seine Frau hatte ihn bisher nicht gelassen.

Mir stellten sich die Nackenhaare auf, wenn Frauen zwei Jahre nach der Geburt berichteten, sie hätten jetzt das Kind zum ersten Mal mit ihrem Mann alleine gelassen, damit er es ins Bett bringt, weil sie auch einmal wieder zum Sport gehen wollten.

Meine Frau konnte natürlich, so oft ihr danach war, schon wenige Wochen nach der Entbindung wieder zum Sport und übrigens auch zur Arbeit gehen, als sie es wollte und es ihr guttat. Sie hatte nicht den geringsten Zweifel daran, dass Männer und Frauen bei der Aufzucht und Pflege eines Kindes gleichberechtigt sind. Sie stillte sieben Monate lang voll. Oft pumpte sie zwischendurch ab, die Muttermilch wurde eingefroren und ich gab unserem Jannick die Flasche. Es klappte hervorragend. Für uns alle.

Als exotischer Einsiedlerkrebs habe ich mich nie sehr wohlgefühlt. Ich wollte raus, suchte Kontakt. Die schlimmste Abfuhr bekam ich in einer Krabbelgruppe. Den stillenden Müttern sei es sehr unangenehm, wenn ein Mann dabei sei. Außerdem sei nun einmal klar, dass ich den Ablauf störte. Und bei allen Themen könne ich bestimmt ohnehin nicht mitsprechen.

So, wie meine Frau und ich es gemacht haben, könnte es zur Normalität werden. Wir müssen es einfach vorleben. Nur Eltern können das gemeinsam schaffen. Ich möchte, wenn ich auf dem Eltern-Kind-Parkplatz stehe, nicht mehr mit Blicken getötet werden, die auch dann nicht nachlassen, wenn ich meinen Sohn aus dem Auto hebe.

Und ich möchte beim Kinderarzt ernst genommen werden. Neulich ging ich mit Jannick zur Sprechstunde und hatte gerade

Luft geholt, um seine Symptome zu beschreiben. Da bat mich der Arzt um die Liste mit den Fragen meiner Frau.

Mütter, entspannt euch! Väter, seid selbstbewusst! Und, liebe Gesellschaft: Ihr müsst noch sehr viel lernen!

14

»Nicht alles einfach, aber alles möglich«

*Sabine, 37, Ludwigsburg, Diplom-Betriebswirtin
und IT-Unternehmensberaterin
Sohn Louis, 6
Tochter Nadja, 3*

Bei Sabines japanischer Verwandtschaft in der Tokioter Mittelschicht ist es üblich, dass eine Mutter ab Geburt der Kinder zu Hause bleibt und sich um Haus, Hof und vor allem Bildung für den Nachwuchs kümmert.

Sabine, die halb Japanerin, halb Deutsche ist, bekommt noch ganz andere kulturelle Einflüsse mit. Ihr Mann ist halb Franzose, halb Holländer. Für ihn war die Vereinbarkeit von Familie und Beruf schon selbstverständlich, sogar unabdingbar, als sie in Deutschland in den Anfängen der 2000er-Jahre noch zögerlich diskutiert wurde. Ihn musste Sabine nicht überzeugen, als der Kinderwunsch bei ihr größer wurde und als sie parallel dazu schon so viel Erfolg im Beruf hatte, dass sie den Job fürs Kind nicht aufgeben wollte.

Für Sabine war klar: Findet sie keinen Weg, beides zu kombinieren, dann bekommt sie kein Kind.

Kinder gerne, aber nur in Vereinbarkeit mit dem Beruf! Das war meine Ausgangsposition in der Familienplanung, als ich mich erkundigte, wie die Region im Kreis Ludwigsburg aufgestellt ist, was Kinderbetreuung angeht. Schon bevor ich schwanger war, recherchierte ich Öffnungszeiten von Kitas, Vertragsbedingungen mit Au-pairs und Qualifikationen von Tagesmüttern und tüftelte an Betreuungsmodellen. Außerdem wollte ich wissen: Wie machen es andere berufstätige Mütter, wie organisieren sie sich und wie geht es ihnen dabei?

Ich war gerade schwanger, da wurde ich Mitglied im Verband für berufstätige Mütter. Beim ersten Treffen hörte ich den anderen Frauen einfach zu, sah die verschiedenen Lebensentwürfe und stellte fest: Es ist nicht immer einfach, aber es ist möglich. Und was mich besonders glücklich machte, war, unter Frauen zu sein, die meine Einstellung zur Vereinbarkeit von Beruf und Familie nicht für verrückt hielten.

Viele Frauen pochen darauf, Entscheidungen auf sich zukommen zu lassen, nicht zu verkopft an die Probleme heranzugehen und erst einmal die Geburt des Kindes abzuwarten. Ich sehe das völlig anders: Ich habe nicht mein Leben lang gelernt, hart gearbeitet und mich weiterentwickelt, um wegen des Fehlens eines Plans zu riskieren, alles aufgeben zu müssen. Mein Beruf gehört zu meiner Selbstverwirklichung und dient außerdem der Existenzsicherung.

Ich habe zu viele Frauen erlebt, die den Wiedereinstieg nicht geschafft haben, weil sie alles auf sich zukommen ließen, es eines Tages zu spät war und sie die Kurve nicht mehr kriegten. Mir war klar: Wenn ich den Zug verpasse, werde ich es wahrscheinlich mein Leben lang bereuen.

Zu meiner Planung gehörte, dass ich mich über meine Rechte und Pflichten informierte und mich zu einem frühen Zeitpunkt offen mit meiner Personalabteilung abstimmte. Schon in den ersten Schwangerschaftswochen erklärte ich, wie ich mir meinen Wiedereinstieg nach der Geburt vorstellte. Wir verabredeten, dass ich jeden Tag, den ich länger in den Mutterschutz hineinarbeitete, als Urlaub hintendran hängen konnte. Bis zehn Tage vor der Entbindung ging ich jeden Tag zur Arbeit und hatte somit nach der Geburt viel »Resturlaub« zum Abfeiern.

Der Plan war: Fünf Monate nach Louis' Geburt würde ich zurückkommen, für 28 Stunden auf vier Tage verteilt. Als Louis geboren wurde, war ich natürlich glücklich über mein Kind, aber ich fühlte mich extrem einsam zu Hause. Ich ging zu den üblichen Krabbelgruppen und Rückbildungs-Gymnastikkursen, bei denen ich nette Frauen traf. Aber es gab keine Seelenverwandte. Der Lebensentwurf der Frauen, die ich dort traf, sah vor, dass sie mit Kindern ihren Beruf aufgeben und sich auf den Mann als Ernährer verlassen wollten.

Ich arbeite, um zu leben und unabhängig zu sein. Dazu kommt noch, dass ich mich jeden Tag darauf freue, zur Arbeit zu gehen.

Es ist für mich ein wichtiges Stück Selbstverwirklichung. Dieses Verlangen, wieder in den Beruf zurückzukehren, spürte ich bei den Frauen der Krabbelgruppe nicht. Bei ihnen hat das Kind den Beruf vollständig abgelöst.

Inzwischen bin ich durch die Freundeskreise meiner Kinder mit berufstätigen Müttern und Hausfrauen befreundet, doch damals mit dem Baby traf ich auf völliges Unverständnis, weil ich bereits in dieser frühen Phase plante, in den Beruf zurückzugehen.

Sicher liegt es auch an der Art des Berufes, die maßgeblich entscheidet, ob man schnell wieder zurückkehren möchte oder nicht. Macht der Job Spaß, ist er abwechslungsreich, fühle ich mich in meinem Beruf bestätigt oder ist er nur eine Pflicht? Aber es liegt auch an der jeweiligen Frau, ob sie kein Problem damit hat, sich auf ein Leben einzulassen, wo sie sich von ihrem Ehemann und dessen Einkommen abhängig macht.

Es hat natürlich auch mit dem Einkommen des Paares zu tun: Ich kann mit Kind weiter arbeiten, weil ich es mir finanziell leisten kann. Für die Kinderbetreuung zahlen wir weit über 1000 Euro im Monat, die erst einmal verdient werden müssen. Viele Frauen argumentieren: »Unterm Strich würde mein Gehalt komplett für die Kosten der Kinderbetreuung draufgehen, deswegen lasse ich es und bleibe doch lieber zu Hause.«

Für mich gilt das Argument nicht. Erstens bleibt ja doch noch etwas übrig und zweitens muss die Kinderbetreuung ja nicht allein vom Gehalt der Frau bezahlt werden. Das Ehegattensplitting fördert diese Argumentation. Warum soll man denn, bitte schön, die ganze Woche über arbeiten und das Kind fremd betreuen lassen, wenn man am Ende des Monats nur 300 Euro Taschengeld hat. Ich sehe die Fortführung des Berufs als eine Art Versicherung an. Niemand garantiert mir schließlich, dass die Beziehung zu meinem Mann für immer hält und ich finanziell versorgt bin.

Ein Loch im Lebenslauf senkt den Wert und schwächt die eigene Position auf dem Arbeitsmarkt. Ich sehe eine Gefahr darin, sich drei Jahre lang zu Hause in Sicherheit zu wiegen und zu glauben, man könne danach zu seinen Bedingungen problemlos an seinen Arbeitsplatz zurückkehren. In der Regel ist man nach einer längeren Pause beim Arbeitgeber abgeschrieben. Für ihn ist es nicht gewinnbringend, eine Mutter nach drei Jahren – noch dazu in Teilzeit – wieder zu empfangen, die erst mal eine grundlegende Einarbeitung benötigt und jederzeit wieder mit dem Mutterpass winken kann. Vielleicht hat er ja auch recht?!

Ich weiß nicht, ob ich den Anschluss wieder gefunden hätte, wenn ich drei Jahre in meinem Beruf ausgesetzt hätte. In der IT-Branche sind drei Jahre eine Ewigkeit. In anderen Berufen ist der Wiedereinstieg aus fachlicher Sicht vielleicht einfacher.

Besonders beim ersten Kind konnte ich die Einsamkeit während der beruflichen Auszeit nach einigen Wochen kaum noch ertragen. Ich wartete sehnsüchtig auf die Rückkehr meines Mannes am Ende des Tages und machte ihm schon fast Vorwürfe, wenn er mal besonders spät kam.

Wenn man zum ersten Mal Mutter wird, ist das irgendwie ein Kulturschock. Es ist anstrengend. Das Stillen, das Füttern, das Schreien – all das ist sehr belastend für junge Eltern, besonders für die Mutter, deren Bestimmung es ist, zunächst möglichst rund um die Uhr für den Nachwuchs da zu sein. Dazu kam bei mir ganz persönlich das Gefühl, dass ich nicht mehr zum Club der Berufstätigen gehörte, sondern jetzt das Heimchen zu Hause alleine mit dem Kind war.

Mein Sohn kam im Herbst zur Welt, der Winter gab mir den Rest: Es gab keine Chance auf gemütliche Spaziergänge im Park mit Picknick auf der Wiese. Abends kam der Ehemann nach Hause, erzählte von den beruflichen Heldentaten des Tages, die man früher ebenfalls als Lebensinhalt angesehen hatte. Man realisiert oft erst, wenn ein Kind da ist, dass das Berufsleben und all die Dinge, die damit verbunden sind, inzwischen zum Mittelpunkt des Lebens geworden waren. Die meisten sozialen Kontakte spielten sich nur noch im Berufsleben ab und die Leute im Büro waren eine Art Familie. Viele Kollegen wissen gar nicht, worüber sie reden sollen, wenn es nicht um den Job geht. Deshalb wollte ich schnell wieder zurück in den Berufsalltag, weil er ein Teil meines Lebens war.

Unsere Freunde unterstützten unsere Vorstellungen von Anfang an vorbehaltslos. Im Freundeskreis waren wir Vorreiter, eines der ersten Paare, die ein Kind bekamen. Die Kollegen belächelten mich gönnerhaft während der Schwangerschaft, so richtig glaubten sie nicht daran, dass Mutti wieder zurückkehren würde. Als ich dann den Beweis antrat, waren die Kolleginnen sehr interessiert daran zu erfahren, wie wir uns organisieren, wie wir das alles managen. Bis dato war in unserer Firma eine schnelle Rückkehr in den Job eher unüblich. Ich hatte mir eine Organisationsstruktur geschaffen, die das möglich machte. Damit schlug ich die erste Schneise und konnte ein Umdenken in der Personalabteilung anregen.

Als ich sichtbar schwanger war, fragte mich eine Kollegin in allen Details aus. Sie war ebenfalls in diesem Zustand und plante, nach einem halben Jahr mit einem stundenreduzierten Vertrag zurückzukommen. Ihr folgten etliche Kolleginnen, die ebenfalls Mut fassten, den Beruf auch mit Kind weiter auszuüben. Auch die baten mich um Ratschläge.

Ich war gut organisiert, brachte Louis morgens zu einer Tagesmutter, die gleich um die Ecke meiner Firma wohnte. Am ersten Arbeitstag war es aber hart, ihn loszulassen. Trotzdem ging ich mit einem Lächeln 500 Meter weiter in meine Firma und betrat mit einer Mischung aus Freude und Nervosität mein Büro.

Ich hatte zwar nur fünf Monate ausgesetzt, doch es gab dieses flaue Gefühl – wie vor einer mündlichen Prüfung. In fünf Monaten konnte sich bereits einiges verändert haben. Ich arbeitete immer in Projekten und im Moment des Wiedereinstiegs gehörte ich zu keinem dazu. Ich musste erst wieder zurückfinden, meine Netzwerke aufwärmen und schauen, wo ich integriert werden konnte.

Es ist ein Trugschluss zu erwarten, dass der Arbeitgeber mit einem Blumenstrauß in der Tür steht und verschiedene Arbeitsmodelle anbietet. Wenn man selbst handelt und sich sinnvolle Aufgaben sucht, vermeidet man, in die Falle zu tappen und unattraktive Aufgabengebiete aufgedrückt zu bekommen. Es ist ein Geben und Nehmen: Was kann ich der Firma geben, damit sie mit mir zufrieden ist, was nehme ich dafür von ihr, damit ich mit meinem Leben glücklich sein kann? Bei uns heißt das: »Der Business Case muss stimmen.«

Vereinbarkeit von Familie und Beruf erfordert einen großen Willen, Organisationsarbeit und die Bereitschaft zum Hindernislauf, wenn erforderlich. Ich ging Ende Oktober 2008 mit dem zweiten Kind erneut in den Mutterschutz. Alle Kollegen freuten sich auch diesmal wieder auf meine baldige Rückkehr, denn ich hatte mit der ersten Elternzeit bewiesen, dass ich verlässlich war. Genügend Mütter hatten es mir nachgemacht, es gehörte mittlerweile zum Unternehmen dazu, bald wieder einzusteigen.

Als ich zum zweiten Mal nach einem halben Jahr an meinen Arbeitsplatz zurückkehren wollte, war die Wirtschaftskrise am Tiefpunkt angekommen. Um uns herum in der Automobilregion stürzte alles zusammen.

Wir sind eine Unternehmensberatung für die Automobilindustrie, uns brachen die größten Auftraggeber praktisch komplett weg. Wir bekamen nur noch wenige Aufträge, es mussten Leute in Probezeit entlassen werden, frischgebackenen Vätern wurde nahegelegt, Elternzeit zu nehmen. Man warf verzweifelt Sandsäcke vom Ballon, um wieder Freiraum zu bekommen.

Mein Gruppenleiter hatte kurz vor der Krise einen jungen Mitarbeiter eingestellt, der noch in der Probezeit war, seine Frau hatte gerade ein Kind bekommen und zu arbeiten aufgehört. Hätte man ihn auf die Straße gesetzt, wäre das für die junge Familie ein finanzielles Desaster gewesen. Einer anderen Mitarbeiterin, jung und Single, war bereits gekündigt worden und der Gruppenleiter kämpfte nun um diesen jungen Vater. Seine Hoffnung war, dass ich zunächst nicht zurückkehre und dass es daher eine Daseinsberechtigung für seinen Schützling gibt. Er begann, massiv auf mich einzuwirken, ein Jahr Elternzeit zu nehmen, damit der junge Kollege seine Stelle behalten könne.

Ich blieb standhaft, auch für den Preis, dass mir bei meiner Rückkehr ein eisiger Wind entgegenblies. Letztendlich versetzte man mich in einen anderen Bereich, was für mich eine Erlösung war.

Bei der kurzfristigen Rückkehr ging es mir nicht um Selbstverwirklichung, es war auch eine Frage des Geldes. Wir hatten inzwischen ein Au-pair-Mädchen aufgenommen, dem man nicht einfach kündigen kann. Die Raten für das Haus waren ambitioniert hoch und auf zwei Gehälter ausgerichtet. Und irgendwie wollten wir auch unseren Lebensstandard nicht ganz aufgeben.

Das Elterngeld ist zwar eine schöne Sache, aber für Besserverdienende geht die Rechnung nicht auf. In meiner Branche verdienen sowohl Männer als auch Frauen ein Gehalt, das beim Elterngeld den Höchstsatz von 1800 Euro einbringt. Diese 1800 Euro sind dann in den meisten Fällen weniger als 67 Prozent des Nettogehalts, wie vom Gesetz vorgesehen. Das bedeutete für Frauen wie mich gleich zu Beginn einen noch höheren Abstrich in den Einnahmen.

Es geht weiter: In unserer Gehaltsklasse ist man gesetzlich freiwillig versichert. Während der Elternzeit muss man den Krankenversicherungsbeitrag selbst weiterzahlen, und zwar ohne Arbeitgeberanteil, in meinem Fall wären das 500 Euro gewesen. Sinnvoller ist es deshalb, in der Elternzeit Teilzeit zu arbeiten. Der Arbeitgeber zahlt dann den Anteil weiter. Ich habe also auf die in der Elternzeit maximal zulässigen 30 Stunden reduziert. Das waren zwei Stunden weniger als in meinem Vertrag zuvor und es brachte mir zusätzlich 300 Euro Elterngeld.

Mein Sohn wurde im Alter von drei Jahren bis zum Nachmittag im Ganztagskindergarten betreut. Bereits bevor Nadja geboren wurde, hatten wir ein japanisches Au-pair-Mädchen. Das hat sich bewährt und so stellten wir wieder eins ein, das sich tagsüber um Nadja kümmerte. Unsere Kinder waren daran gewöhnt, dass die Mädchen mit ihnen japanisch sprachen, sie antworteten aber auf Deutsch. Mein Mann spricht mit ihnen niederländisch. Unsere Kommunikation am Tisch läuft in beiden Sprachen ab, unsere Kinder beherrschen Deutsch und Niederländisch und lernten schnell, situationsbedingt die richtige einzusetzen.

Was die Betreuung betraf, waren wir also gut aufgestellt und für unsere Au-pair-Mädchen war es ganz normal, dass wir beide arbeiteten. Die meisten von ihnen stammen aus Familien, wo sich die Kinder ihr Studium oder die Ausbildung selbst verdienen müssen. Ihre Eltern müssen aus rein finanziellen Gründen ebenfalls arbeiten und in der Regel passen in Japan die Großeltern auf die Kinder auf oder sie besuchen den Kindergarten.

In Deutschland regiert immer noch der Leitsatz: »Kleine Kinder brauchen ihre Mutter.« Ganz unberührt lässt einen das nicht, gerade wenn die Kinder noch sehr klein sind. Mitte 2000 gab es noch kein Elterngeld und noch kein Recht auf einen Betreuungsplatz für Kinder unter drei Jahren. Das Kind bereits als Baby fremdbetreuen zu lassen war für weite Kreise undenkbar.

Der Blick auf meine holländische Verwandtschaft, in der eine Vereinbarkeit von Beruf und Baby durchaus üblich ist, brachte mir jedoch den Beweis, dass sich Berufstätigkeit und gebildete, normal entwickelte Kinder durchaus nicht ausschließen und dass für die Eltern-Kind-Beziehung kein Schaden entsteht. Von dieser Seite wurde also Vertrauen in die Art gesetzt, wie wir unsere Familie organisierten. Wenn ich dagegen hier meinen Freundeskreis aus berufstätigen Müttern verlasse, komme ich mir vor wie ein Exot. Nicht nur weil ich arbeite, sondern weil ich praktisch Vollzeit in einer leitenden Stelle tätig bin.

Gegenüber der konventionellen Meinung muss man seine eigene Überzeugung stärken und legt sich damit einen Panzer zu, um dem schlechten Gewissen, das die Gesellschaft einem aufbürdet, nicht schutzlos ausgeliefert zu sein. Je mehr ich später meinen Weg ging, desto weniger spürte ich Widerstände, denn was ich tat, war richtig.

Auf Diskussionen zwischen Hausfrauen und berufstätigen Müttern über das Thema Berufstätigkeit lasse ich mich gar nicht erst ein. Stattdessen beschäftige ich mich ständig mit der Frage, was für meine Kinder gut ist und was nicht. Ich sehe andere Kinder, die unter der Woche mehrmals Musikunterricht, Sportgruppen und Bastelkreise besuchen, und ich weiß, dass ich das zeitlich gar nicht schaffen würde. Dennoch nehmen auch wir uns die Zeit, unsere Kinder zu einem Kurs zu bringen und uns in unserer Freizeit sehr intensiv mit ihnen zu beschäftigen.

Ich engagierte mich drei Jahre lang im Elternbeirat der Kita. Wenn Veranstaltungen anstanden und Aufgaben verteilt wurden, nahm ich mir die Zeit, um zu helfen. Dies tat ich unter anderem auch deshalb, um mir selbst zu beweisen, dass ich trotz Berufstätigkeit die perfekte Mutter war. Außerdem wollte ich mir durch großes Engagement auch einen Kitaplatz für Nadja sichern, deren Betreuungsplatz noch nicht geklärt war. Im Elternbeirat waren immer erstaunlich viele berufstätige Mütter. Es ist eine Sache des Managements, ob man Zeit hat oder nicht. Also die Ausrede »Ich kann das alles nicht machen, ich habe keine Zeit, um einen Kuchen zu backen« gibt es für mich nicht. Zwei Stunden für einen Kuchen kann man sich am Vorabend immer nehmen. Mein Mann und ich planen auch dienstliche Termine so, dass wir bei Schulauftritten und Veranstaltungen wie Laternenlauf nicht fehlen.

Berufstätige Mütter sind oft besser organisiert und sie sind eher bereit, über ihre Grenzen zu gehen, um keine Abstriche erkennen zu lassen. Die Ausrede, keine Zeit für etwas zu haben, vermeiden sie eher. Eigentlich war es mein Sohn, der mich darauf aufmerksam machte, ich solle im Engagement für die Kita auch mal etwas runter vom Gas gehen. Als Nadja ihre Platzzusage trotz langer Warteliste bekam, gönnte ich mir dann den Luxus, etwas zurückzutreten.

Frauen wie ich polarisieren in der Elternschaft. Ich bin nicht unbeliebt. Ich war auch Vorsitzende des Elternbeirats. Viele Eltern sehen in mir die Managerin im Anzug, im schicken Auto. Ich spüre eine Art freundlichen Respekt, man grüßt höflich, aber man wird mich nie zum Kaffeetrinken mit den Kindern einladen. Wenn es engere Kontakte gibt, dann mit den anderen Müttern im Elternbeirat, die ebenfalls berufstätig sind. Dort trifft man sich regelmäßig und stimmt sich ab, arbeitet konstruktiv an einem Thema, kämpft auch manchmal gemeinsam an einer Front. Alle sind freiwillig im Team. Hier schließt sich der Kreis, ob berufstätig oder Hausfrau: Man begegnet sich auf der Arbeitsebene. Wenn Mütter Probleme hatten, haben sie aus der Telefonliste des Elternbeirats immer andere Ansprechpartnerinnen ausgewählt. Im Klartext: Mit der Karrieremaschine will die Hausfrau nicht über die Probleme des Sohnes in der Gruppe sprechen. Die Frauen, die nur wenig oder gar nicht arbeiten, kennen sich näher, weil sie Zeit haben, vor den Toren des Kindergartens ihre Netzwerke zu knüpfen. Berufstätigen Eltern fehlt für einen solchen Austausch meist die Zeit. Vielleicht bin ich ja auch nicht der Typ, vor der sich eine andere Frau gerne eine Blöße gibt. Bei Frauen wie mir denkt man schnell, sie hätten keine Probleme, keine Not, keine Sorgen. Das ist natürlich Quatsch.

Auch berufstätige Karrieremütter lieben ihre Kinder, vermissen sie, haben ein schlechtes Gewissen, sind erschöpft, manchmal ratlos. Auch wenn viele es vielleicht nicht wahrhaben wollen: Mit der Berufstätigkeit geht weder das Herz noch die Liebe verloren.

Es ist eine Herausforderung, immer eine gute Balance zu finden, das Wohl der Kinder nicht aus den Augen zu lassen und

Prioritäten zu setzen, wenn im Falle eines Engpasses etwas unter den Tisch fallen muss. Hierbei ist es wichtig, klare Grenzen zu setzen und auch mal eindeutig Nein sagen zu können.

15

»Mein größter Einsatz«

Thomas, 41, Chemnitz, Oberfeldarzt
Tochter Nina, 5
Tochter Alexa, 2

Die Erfahrung seines ersten Kosovo-Einsatzes machte die Familienplanung konkret. Thomas war wegen dieses Einsatzes 2002 zum ersten Mal drei Monate von seiner Frau getrennt. Kurz zuvor hatte er seine Facharztausbildung abgeschlossen, seine Frau war auf dem Weg zur Facharztreife, beide waren beruflich erfolgreich und fühlten sich bereit für ein Kind.

Doch so leicht funktionierte der Plan nicht: Die kleine Nina entstand dann durch künstliche Befruchtung. Als drei Jahre später Schwester Alexa adoptiert wurde, ging Thomas in Elternzeit. Mission: 24 Monate.

Bei unserer ersten Tochter war Elternzeit für mich kein Thema, ich war damals noch Zeitsoldat. Eine Auszeit hätte eine Nachdienverpflichtung bedeutet, sprich: Man hätte den Dienst hintendran hängen müssen.

Immerhin hatte ich viel Urlaub aufgespart, sodass ich nach Ninas Geburt vier Wochen zu Hause sein konnte. Ich wäre gerne noch weitere vier Wochen bei meiner Frau und meiner Tochter geblieben, wurde aber dann zwischenzeitlich auf meinen jetzigen Dienstposten versetzt und wollte die neue Stelle nicht mit Urlaub starten.

Dieser eine Monat ist ja eher wie ein längerer Urlaub, man geht nicht vollkommen aus dem Job heraus. Die unmittelbare Trennung von meiner Tochter fiel mir nach der kurzen, intensiven Zeit doch viel schwerer, als ich dachte. Ich war froh, dass mein Standort lediglich 30 Kilometer entfernt war, ich also jeden Abend nach Hause fahren konnte.

Nina wurde 2007 geboren, parallel zur Einführung des Elterngeldes. Das war spannend: Wenn Nina kurz vor dem Jahreswechsel zur Welt gekommen wäre, hätten wir nicht vom Elterngeld profitieren können. Zu Silvester um Mitternacht trank sogar meine Frau einen Schluck Sekt, weil wir so erleichtert waren, dass wir nun eine gewisse finanzielle Sicherheit haben würden.

Durch diese Unterstützung begann auch im Kameradenkreis ein Umdenken, manche Kollegen überlegten, zwei Vätermonate einzulegen. Eine längere Auszeit kam für die meisten jedoch nicht infrage. Wahrscheinlich gibt es Branchen, wo man eher Männer findet, die das traditionelle Rollenbild aufbrechen. Bei der Bundeswehr kommt es darauf an, in welchem Bereich man tätig ist. Wenn sie vor zehn Jahren Mitglied einer Kampftruppenkompanie waren, hätte es bestimmt mehr Stirnrunzeln gegeben als bei mir, der ich damals Sanitäter bei den Heeresfliegern war. Das ist eine sehr moderne, auch von der Einstellung her eher progressive, unkomplizierte Truppe. Die Sanität mit ihrem hohen Frauenanteil ist sowieso an personelle Abwesenheit aufgrund von Kindererziehung gewöhnt. Grundsätzlich ist es erheblich einfacher, Elternzeit zu nehmen, wenn man in einem Stab Dienst tut, als wenn man als Kompaniechef eine Kampftruppe auf einen Auslandseinsatz vorzubereiten hat.

Aber wie soll es denn sonst funktionieren bei den Paaren mit Kinderwunsch? Eine Frau geht doch nicht 13 Jahre zur Schule, absolviert sechs Jahre Studium und fünf Jahre Facharztausbildung, um danach bis zum jüngsten Tag glückliche Hausfrau und Mutter zu sein. Davon abgesehen war meine Frau keine, die in Hausarbeit jeglicher Art glücklich aufgegangen wäre. Wir haben uns immer schon gemeinsam um die Pflichten zu Hause gekümmert, geteiltes Leid ist eben halbes Leid. Wir pflegten eine gleichberechtigte Partnerschaft.

Als Nina 2007 geboren wurde, hatte meine Frau eine ungekündigte Stellung in einem Hannoveraner Krankenhaus. Wegen meiner Versetzung zogen wir nach Chemnitz um und es war klar, dass sie wohl nicht auf die Stelle in Hannover zurückkehren würde. Ende 2008 stellten wir einen Adoptionsantrag, Nina sollte ein Geschwisterkind bekommen. Im Juni 2009 bekamen wir den Status »geprüfte Adoptionsbewerber« und warteten auf ein Kind.

Meine Frau wollte wieder arbeiten, ob in Teilzeit oder in einem anderen Modell hatten wir aber noch nicht festgelegt, wir spielten verschiedene Möglichkeiten durch. Eines Abends schlug ich vor, ich könnte ja auch in Elternzeit gehen, meine Frau wäre dann in der Lage, eine Vollzeitbeschäftigung anzunehmen. Als Fachärztin auf einer Vollzeitstelle in einem Chemnitzer Krankenhaus konnte sie genug verdienen, in Kombination mit dem Elterngeld würden wir auch ohne mein Gehalt gut über die Runden kommen.

Meine Frau merkte, dass es mir mit meinem Vorschlag ernst war. Sie riet mir, am besten gleich zwei Jahre auszusetzen. Das erste Jahr sei überwiegend Arbeit, im zweiten könnte ich das Kind mehr genießen. Im Dezember 2009 kam Alexa in unsere Familie und wir mussten handeln. In der zweiten Februarwoche 2010 verabschiedete ich mich auf zwei Jahre in Elternzeit.

Noch heute schmunzeln wir über die Situation, als wir die Nachricht bekamen, dass es ein Baby gab, das wir adoptieren könnten. Am 10. Dezember 2009 war ich gerade auf einem Kommandeur-Lehrgang. Ich saß mit meinen Kameraden im Bundesministerium der Verteidigung, da klingelte mein Handy im Lautlosbetrieb. Ich drückte den Anruf meiner Frau weg. Wenn ein Generalarzt vorträgt, geht man nicht einfach ans Telefon. Meine Frau rief erneut an und sendete gleichzeitig eine SMS: »Und wenn du bei Herrn zu Guttenberg persönlich sitzt, ruf' mich an!!!«

Wir hatten abgemacht, dass wir in wirklich dringenden Fällen zweimal versuchen würden, den anderen anzurufen. Und so ging ich vor die Tür und hörte von meiner Frau die wunderbare Nachricht: »Wir können uns morgen ein Kind angucken.«

Mein Lehrgang sollte eigentlich mehrere Tage dauern. In der nächsten Pause meldete ich mich bei meinem Vorgesetzten, erklärte die Situation und bat um Urlaub. Er gratulierte mir und ließ mich gehen. In der Nacht eilte ich zurück nach Hause, am Morgen fuhren wir nach einem kurzen Besuch in der Adoptionsvermittlungsstelle ins Klinikum und schauten uns freitags um elf Alexa an, die seit ein paar Tagen auf der Säuglingsstation lag.

Ihre leibliche Mutter hatte sechs Tage vorher in Begleitung eines älteren Herrn, der im Gegensatz zu ihr ein wenig Deutsch sprach, entbunden und das Kind zur Adoption freigegeben. Alexa wurde am 5. Dezember 2009 um 5.55 Uhr geboren, nach Aussagen des Krankenhauses ist die junge Mutter um acht Uhr weggegangen und ist bis heute spurlos verschwunden. Sie hatte lediglich einen slowakischen Ausweis vorgelegt, demzufolge sie 19 Jahre alt war. Alexa ist ein dunkelhäutiges Kind, laut den Hebammen, die sie betreut haben, könnte die Mutter eine slowakische Roma sein.

Ich übernahm mit meiner Elternzeit die Betreuung für die beiden Mädchen und kümmerte mich um eine intensive Bindung zu der Kleinen. Interessanterweise fiel mir als Vater der Umgang mit dem Adoptivkind leichter, als er meiner Frau gefallen wäre.

Ich habe versucht, die Situation etwas weniger emotional zu sehen, aus reinem Selbstschutz. Im Unterbewusstsein spielen sich Gedanken ab wie: »Ich finde dich prima, Kind, ich nehme dich erst mal zur Kenntnis, aber morgen könnte deine Mutter kommen und dich wieder wegnehmen.« Dieses Risiko blendet man gleichzeitig aus. Man befindet sich in einer ambivalenten Stimmungslage, die das Ganze nicht leicht macht.

Eine Adoption ist erst nach acht Wochen überhaupt rechtsgültig. Und selbst danach könnte die leibliche Mutter theoretisch Anspruch erheben, das Kind zurückzubekommen. Die Zeit verstrich zu unseren Gunsten. Nach einem halben Jahr beruhigte uns die Adoptionsvermittlerin, jetzt würde ein Familiengericht im Sinne des Kindes entscheiden. Mit jedem weiteren Tag, den Alexa bei uns lebte, wurde die Bindung zwischen uns intensiver und ein Richter hätte das auch so gesehen. Ganz sicher waren wir aber erst im Sommer letzten Jahres, als die Adoption auch juristisch unwiderruflich wurde.

Als Mann konnte ich die Zitterpartie wahrscheinlich besser durchhalten. Wenn man als Vater ein leibliches Kind hat, ist man eigentlich immer nur dabei und nicht mittendrin. Ein Mann kann diese Hormone und Glücksgefühle nicht so exzessiv ausleben wie die Mutter.

Als Alexa am 13. Dezember 2010 bei uns einzog, übernahm ich nachts die erste Schicht. Gegen ein Uhr weckte ich meine Frau, wir hatten vereinbart, dass sie übernehmen und bis morgens bei Alexa sein würde. Gegen sechs weckte mich meine Frau heulend und sagte, dass sie überfordert sei. Sie könne mit der Situation nicht umgehen, hätte das Gefühl, ein fremdes Kind versorgen zu müssen und keine Bindung aufbauen zu können. Ich sagte: »Willkommen im Club, jetzt fühlst du dich so, wie die meisten Väter sich grundsätzlich fühlen.« Da ist etwas Neues da, es bestimmt ab jetzt dein Leben, aber die innige Mutter-Kind-Bindung von Geburt an hat man als Vater ohnehin nicht. Meiner Frau tat das unheimlich gut und sie verstand genau, was ich meinte. Sie hatte furchtbare Angst, dass sie das Kind niemals würde lieben können.

Nina, unsere Große, war damals zwei Jahre alt. Wir hatten sie bereits mit ins Krankenhaus genommen, wo wir Alexa täglich besucht hatten. Wir erklärten unserer Tochter, dass Alexa keine Eltern habe und wir uns um sie kümmern würden. Nina schlug vor, Alexa sofort mit nach Hause zu nehmen. Aus rein logistischen Gründen ging das aber leider nicht sofort. Wir mussten erst einmal die Babywäsche wieder aus dem Keller holen, durchwaschen, ich musste eine neue Wickelkommode besorgen, sie zusammenbauen und vieles andere organisieren. Andere Leute haben neun Monate Zeit, sich auf ein Baby vorzubereiten. Bei uns musste alles Knall auf Fall passieren.

Ich war davon überzeugt, dass sich unsere Gefühle für Alexa noch entwickeln würden. Ihren Namen suchten wir selbst aus.

Die ersten zwei Monate war noch meine Frau die Hauptbezugsperson und dann wechselten wir. Heute ist Alexa ein Mamakind.

Selbst in zwei Jahren Elternzeit habe ich das letztendlich nicht ändern können. Papa ist erste Wahl zum Quatschmachen, aber trösten lässt sie sich lieber von Mama. Man kann das natürlich auch tiefenpsychologisch erklären: Sie ist einmal von einer Frau verlassen worden und das soll ihr nicht noch mal passieren.

Außerdem war meine Frau immer das Besondere, ich war ja in den ersten zwei Jahren immer da. Paare, die die traditionelle Rollenverteilung leben, wissen auch, dass der Vater das Highlight ist, wenn er von der Arbeit kommt.

Meine Frau konnte sehr bald rational verinnerlichen, dass sie ihre Gefühlslage nicht mit der nach Ninas Geburt vergleichen durfte. Alexa war nicht aus ihrem Bauch gekommen, es fehlte die Erschöpfung einer Geburt, es fehlte die Hormonlage, es fehlt so vieles. Als sie das für sich akzeptieren konnte, fiel die Hürde.

Heute ist Alexa voll und ganz unsere Tochter. Sie ist dunkelhäutig und man sieht, dass sie adoptiert ist. Aber wir ertappen uns dabei, dass wir bei manchem Verhalten spontan sagen, das erinnere uns jetzt an Oma.

Eigentlich sollte ich im April 2010 einen neuen Dienstposten übernehmen. Als ich im Januar meinen Personalreferenten anrief, war der nicht begeistert, machte sich aber gleich auf die Suche nach Ersatz. Wer im beruflichen Umfeld selbst Kinder hatte, bewertete meine Entscheidung positiv. Viele sagten, sie fänden es gut, könnten es sich jedoch für sich selbst nicht vorstellen. Andere gestanden mir sogar, nicht genügend Mut für einen solchen Schritt zu haben.

Die Unterbrechung der militärischen Karriere, das Fehlen der sozialen Anerkennung im Kameradenkreis, das würde es für den einen oder anderen schwierig machen. Wer den Wunsch nach Väterzeit überhaupt nicht nachvollziehen konnte, waren Kinderlose, die militärisch auf der Karriereleiter schon relativ hoch gestiegen waren. Sie äußerten völliges Unverständnis dafür, wie leichtfertig ich meine großartige Karriere beendete. Ich hätte doch gute Chancen gehabt, in dieser Armee noch ein bisschen mehr zu werden als Oberfeldarzt.

Natürlich wollte ich mich immer weiterentwickeln. Aber in Chemnitz wusste ich genau, mit der nächsten Versetzung auf einen neuen Dienstposten würde ich wieder zum Wochenend-pendler. Ich habe es nie besonders gut vertragen, von meiner Frau getrennt zu sein. Damals während meines Auslandseinsatzes hatten wir uns unheimlich vermisst und ich wusste daher schon, wie sich eine Wochenendbeziehung anfühlt. Es war nicht schön. Als wir ein Kind hatten, konnte ich bereits drei Wochen auf dem Übungsplatz kaum ertragen. Mir fehlte meine Frau, mir fehlte dieses kleine Wesen ganz fürchterlich.

Zwei Jahre Elternzeit boten mir die Chance, eine grundsätz-liche Entscheidung über mein weiteres Leben etwas in die Ferne zu schieben.

Für meine Vaterzeit gab es keinen Masterplan, ich hatte mir eigentlich keine Sorgen darüber gemacht, ob ich mit dem Kind klarkommen würde, ich hatte mir erst mal Gedanken darüber gemacht, was meine Frau verdienen würde. Die waren aber wie weggeblasen, als sie mit der ersten Gehaltsmitteilung nach Hause kam. Ich krempelte die Ärmel hoch und überlegte, wie ich den Tag optimal ausfüllen könnte. Wenn die Kinder schliefen, nutzte ich die Zeit zum Umräumen, Aufbauen und natürlich für den Haushalt. In zwei Jahren gab es nicht eine Stunde, in der ich mich irgendwie gelangweilt hätte.

Zwei Jahre Elternzeit bedeuten nicht zwei Jahre Urlaub. Wobei für mich allein schon paradiesisch war, dass ich nicht mehr wegen der Arbeit um Viertel vor sechs aufstehen musste, sondern erst um sieben, um Nina pünktlich in den Kindergarten zu bringen.

Als Alexa drei Monate alt war, schlief sie nachts durch, genau wie Nina. Von da an lebten wir auf einer Insel der Glückseligkeit. Und selbst wenn ich nachts von einem der Kinder geweckt wurde, wusste ich, der nächste Mittagsschlaf kommt bestimmt.

Den Haushalt übernahm ich komplett. Meine Frau bat mich nach sechs Monaten darum, einmal wieder Lebensmittel einkaufen gehen zu dürfen. Die Wäsche war immer schon mein Metier gewesen, das habe ich dann noch etwas weiter ausgebaut, ich wurde voll und ganz Hausmann.

Natürlich besuchte ich dann als absoluter Exot mit Alexa Krabbelgruppe, PEKiP-Kurs und Musikschule und begleitete Ninas Aktivitäten wie Ballett und musikalische Früherziehung. Als Vater war ich dabei alleine auf weiter Flur, ich lebte damit aber relativ gut. Man wird nie zum ganz engen Kreis der Mütter gehören, weil man bei bestimmten Problemen einfach nicht mitsprechen kann. Anfangs wird man auch erst einmal ein wenig distanziert beäugt.

Ich kann inzwischen nachvollziehen, wie sich eine junge Frau in einem technischen Studiengang fühlen muss. Während der Elternzeit war mein Leben komplett weiblich dominiert: zu Hause nur Frauen, in der Krabbelgruppe nur Mütter, Erzieherinnen im Kindergarten und Mütter, die ihre Kinder abholen und bringen. Richtige Männergespräche über Autos oder Fußball gab es in der Zeit nicht. Das störte mich lange nicht, erst zum Ende hin empfand ich den Wunsch nach einer richtigen Männerrunde als Abwechslung.

Aber grundsätzlich vermisste ich nichts. In den Gesprächen mit Müttern ging es meistens um Kinder und ihre Entwicklung. In dieser Welt gab es kein Kräftemessen mit anderen Männern. Irgendwann einmal ist aber zu Sonderangeboten bei Babynahrung und die Eröffnung neuer Baby-Outlet-Stores auch alles gesagt. Ich konnte die Themen in dieser Welt trotzdem gut aushalten, weil ich wusste, es war temporär, ich würde absehbar nach zwei Jahren wieder in meinen beruflichen Kontext eintauchen können.

Ich möchte gern eine Hommage an jede Hausfrau loswerden, die zu wenig soziale Achtung und Selbstwertgefühl erfährt. Hausarbeit ist unbefriedigend. Sie können noch so schön Geschirr wegräumen, Betten machen, Wäsche waschen und in den Schrank legen – nach sechs Stunden sieht es wieder aus wie vorher.

Hausfrauen erschaffen nichts. Mich hat zwischen all der Hausarbeit unheimlich befriedigt, ein Bild an die Wand zu nageln. Das war etwas, das blieb. Mir hat keiner offen vorgeworfen, dass ich nichts tat. Aber die fehlende soziale Akzeptanz war allgegenwärtig.

Als Vater in Elternzeit war ich nicht bei allen Frauen wohlgelitten, denen ich in Krabbelgruppen und Kursen begegnete: Keine von ihnen war Akademikerin, die meisten hatten Ausbildungsberufe mit einem niedrigen Lohnniveau ausgeübt. Eben weil sie in ihren Berufen nicht wirklich reich werden konnten, hatten diese Mütter auch nicht unbedingt das zwingende Bedürfnis, nach einem Jahr wieder arbeiten zu gehen. Ein Teil von ihnen hatte Kindererziehung und Haushalt für sich als Existenzberechtigung entdeckt. Und da kam ich als Mann daher und nahm ihnen quasi etwas weg, das sie für sich beanspruchten.

Es gibt Frauen, die schicken ihre Männer einkaufen, nörgeln aber hinterher an den Produkten herum, oder sie bitten ihn zu putzen und zücken dann den Lappen, um hinterherzuwischen. Dass da manche Männer die Schultern zucken und sagen: »Wenn ich sowieso alles falsch mache, dann kann ich es auch gleich lassen«, das kann ich verstehen. Meine Frau ließ mich werken, der Haushalt wurde geführt, wie ich es wollte, sie hat das gegessen, was ich gekocht habe, sie hat das angezogen, was ich gewaschen habe, sie hat an den Einkäufen nicht rumgemäkelt, sie war froh, dass sie sich darum nicht kümmern musste.

Unterm Strich lief meine Elternzeit hervorragend. Aber rückblickend habe ich ungebrochen großen Respekt vor der Organisationsleistung, die man mit Kindern zu bringen hat. Musste Nina zum Ballett gefahren werden, war der Kofferraum voll mit Ausstattung, die ich zum Wickeln und Füttern von Baby Alexa brauchte. Es ist schon ein erheblicher Aufriss, den man be-

treiben muss, wenn man ein Kind zu ganz normalen Routinetätig-
keiten mitnehmen muss. Die Organisationsfähigkeit von Müttern
und Vätern, die Kinder betreuen, ist wirklich enorm.

Das Ende der Elternzeit zeichnete sich ab und somit die Gefahr
einer Versetzung. Es ist einem glücklichen Zufall zu verdanken,
dass wir immer noch in Chemnitz sind. Weil der Dienstposten,
den ich aufgegeben hatte, über diese zwei Jahre nicht nachbesetzt
werden konnte, durfte ich meine alte Stelle wieder antreten.

Ich arbeite jetzt in Teilzeit: 87,5 Prozent, 35 Stunden in der
Woche. Als meine Frau und ich planten, wie wir uns beide
weiterhin beruflich organisieren würden, war klar, dass ich nicht
um sieben Uhr im Dienst sein kann. Deshalb traf ich die Entscheidung, um halb acht morgens anzufangen. Dienstagnach-
mittags um 16 Uhr ist Ballett und ich bin dabei. Sonst sind die
Mädchen in der Kita.

Es fiel mir nicht schwer, wieder in den Beruf zurückzugehen.
Als Alexa in den Kindergarten kam, war meine Aufgabe erledigt.
Die Ganztagsbetreuung durch mich war nicht mehr notwendig.
Ich finde nicht, dass ein Kind in den ersten drei, vier Jahren bei
seiner Mutter am besten aufgehoben ist. In anderen Familien
habe ich beobachtet, dass das Kind durchaus nur nebenherläuft,
während die Mutter einkauft, putzt, wäscht, kocht und auch mal
ein Schwätzchen hält. Auch sie beschäftigt sich nicht dauerhaft
mit dem Kind.

Mein Auftrag war es, die ersten zwei Jahre intensiv zu begleiten.
Diese Mission habe ich erfolgreich erfüllt.

16

»Ich war immer anders«

*Anja, 43, London/Jesteburg, Künstlerin
und Grafik-Designerin
Sohn Ben, 8*

*Aus der Londoner Innenstadt in den liebreizenden Vorort
Teddington braucht der Zug kaum eine halbe Stunde. Anja lebt
hier seit zwei Jahren mit Sohn und Mann, er wurde für eine
befristete Stelle bei der NATO nach Großbritannien versetzt.*

*Anja, die bis vor Kurzem als zweite Geschäftsführerin eine
Werbeagentur in Norddeutschland leitete, atmet zum ersten
Mal durch, seit sie denken kann. Nach vielen erfolgreichen
Ausstellungen in Deutschland möchte die Künstlerin jetzt
auch in London zeigen, was sie kann. Und endlich Zeit für
ihren Sohn haben. Ohne permanentes schlechtes Gewissen
wie früher. Aufbruch in eine neue Zeit. Mehr Zeit.*

Ich liebe meine Arbeit und es wäre für mich unvorstellbar gewesen, nur Hausfrau zu sein. Wobei ich den Arbeitsaufwand als Hausfrau und Mutter in keiner Weise abwerten möchte, gerade in diesem Job hat man 24 Stunden am Tag genug zu tun. Mir persönlich hätte die Anerkennung von außen gefehlt, die man als Hausfrau eben nicht bekommt.

Als Mutter setzt man ein wunderbares Kind in die Welt, erzieht es, man kümmert sich und begleitet es in seiner Entwicklung. Aber das innere Ausgefülltsein, wenn man seinem Job nachgeht, die Bestätigung für gute Leistung, das Lob und die Zufriedenheit von Kunden, der Kontakt mit Menschen außerhalb der Familie – das alles habe ich schon nach kurzer Zeit vermisst, als ich nach der Geburt nur ein paar Wochen zu Hause war.

Für meinen Mann und mich war immer klar, dass ich auch mit Kind weiterarbeiten würde. Aus ideellen, aber auch aus finanziellen Gründen, wir hatten gerade unser Haus gekauft. Meinen ersten Job bekam ich bereits im Krankenhaus, als ich die dortige Babyfotografin als Kundin akquirierte. Sie arbeitete für ein Fotostudio und tourte regelmäßig durch die Wochenstation, um Neugeborene abzulichten. Sie erzählte mir, dass sie sich selbstständig machen wolle. Ich bot ihr meine Dienste an und kreierte für sie die komplette Geschäftsausstattung mit Logo, Prospekten und Visitenkarten.

Da ich per Kaiserschnitt entbunden hatte, blieb ich eine Woche im Krankenhaus. Dann arbeitete ich sozusagen vom Home-Office aus für meine Agentur. Über mehrere Wochen entwickelte ich daneben Fotomappen, Postkarten und Glückwunschkarten für die Fotografin.

Von zu Hause aus arbeitete ich auch für meine anderen Kunden weiter. Ben lag immer neben mir in seiner Wippe oder auf meinem Schoß, ich saß am Rechner. Das kennt er, seit er auf der Welt ist. Ich liebe mein Kind nicht weniger, nur weil ich arbeite. Die knappe Zeit, die ich mit Ben habe, nutze ich sehr intensiv.

Wenn ich an andere Mütter denke, die den ganzen Tag zu Hause sind und sich um Haushalt und Familie kümmern, da läuft doch das Kind auch nur nebenher. Diese Frauen sitzen auch nicht von morgens bis abends auf dem Sofa und spielen mit ihrem Kind, sondern sie putzen, waschen, kochen, gehen einkaufen. Das Kind ist zwar immer dabei, aber die volle Aufmerksamkeit bekommt es trotzdem nicht. Ich bin davon überzeugt: Wenn man wenig Zeit für seine Kinder hat, diese aber ganz intensiv einsetzt, profitieren alle davon. Was nutzt einem Kind eine unglückliche Mutter?

Um als bildende Künstlerin und Geschäftsführerin einer Werbeagentur mit Kind zu funktionieren, mussten wir ganz schön organisieren. Meine Geschäftspartnerin leitete in der ersten Zeit die Agentur vor Ort weiter, sodass ich die ersten Wochen nach der Geburt zu Hause bleiben konnte. Hier erledigte ich grafische Arbeiten, für die man nicht unbedingt in der Agentur sein musste.

Meine Mutter war stark mit eingebunden. Als Ben fünf Monate alt war, kam sie wöchentlich für zwei volle Tage zu uns und übernachtete bei uns. In dieser Zeit konnte ich quasi rund um die Uhr in der Agentur arbeiten und sogar Kundentermine wahrnehmen. An den anderen drei Tagen arbeitete ich zu Hause.

Als mein Sohn zwei Jahre alt war, brachte ich ihn jeden Tag zur Tagesmutter, die ihn von neun bis 17 Uhr betreute. Der Freitag war unser gemeinsamer freier Tag. Ben wegzugeben fiel mir in der ersten Zeit nicht sehr schwer, da ich ihn bei meiner Mutter in den allerbesten Händen wusste. Sie kümmerte sich so wunderbar und liebevoll um das Kind und half auch noch nebenher im Haushalt, womit sie mir viel Belastung abnahm. Mein Mann war beruflich bedingt nur am Wochenende zu Hause und konnte mir nicht viel helfen.

Mit der Tagesmutter hatte ich ebenfalls großes Glück: Unsere Kinder waren gemeinsam im Babyschwimmkurs gewesen, sie war ausgebildete Erzieherin, die persönliche Ebene stimmte und ich vertraute ihr.

Als ich weitere Stunden Betreuung brauchte, wechselten wir zu einer anderen Tagesmutter, die mehr Zeit abdecken konnte. Mit dieser Frau hatten wir ebenfalls großes Glück. Sie beschäftigte fast so etwas wie einen Minikindergarten, zehn Kinder unterschiedlichen Alters wurden von ihr betreut. Ben fühlte sich dort ebenfalls sehr wohl, er war immer ein äußerst pflegeleichtes Baby und Kleinkind gewesen, ohne Berührungsängste gegenüber fremden Menschen.

Ganz selten, aber manchmal gab es doch großen Trennungsschmerz und Tränen, das tat mir in der Seele weh und zerriss mir das Herz. Da möchte man am liebsten alles hinschmeißen und beim Kind bleiben, aber das kam in meinem Fall nicht infrage. Ich hatte Kundentermine, zu denen ich pünktlich sein musste. Da blieb nichts anderes übrig, als ganz schnell den Hebel umzulegen. Natürlich rief ich zehn Minuten nach dem Abschied von unterwegs aus bei der Tagesmutter an, um dann in der Regel erleichtert zu hören, dass er längst aufgehört hatte zu weinen und friedlich und gelöst mit anderen Kindern spielte. Die intensiven sozialen Erfahrungen mit vielen verschiedenen Kindern aller Altersklassen hätte ich ihm so nie bieten können. Ich hätte ja mit ihm alleine zu Hause gesessen, wäre ab und zu vielleicht zu einer Krabbelgruppe gefahren, was ich in der ersten Zeit neben meinem Job auch tat.

Die Krabbelgruppe war ein privat organisierter Kreis. Fünf, sechs Mütter trafen sich reihum zu Hause, außerdem unternahmen wir gemeinsame Ausflüge in den Wildpark oder ins Schwimmbad. Wir verstanden uns gut, wobei ich immer etwas außen vor war, weil ich anders war und lebte. Ich hatte stets wenig Zeit und musste immer sehen, wie ich alles unter einen Hut bekam. Der Austausch mit den anderen Müttern war für mich aber sehr wichtig. Es war die einzige Möglichkeit, über Windeln, Entwicklung und Schlafverhalten der Kinder zu sprechen und bei einem gemeinsamen Ernährungsseminar vieles über Babykost zu lernen.

Wahrscheinlich hätte ich viele Sachen gar nicht gewusst oder falsch gemacht, wenn ich komplett abgeschieden gewesen wäre. Aber einmal in der Woche ein Besuch der Krabbelgruppe hat mir gereicht, ich habe jedoch immer versucht, diesen Termin wahrzunehmen.

Emotionale Schläge in die Magengrube gab es aber immer wieder mal: Als die Krabbelgruppe einmal bei uns zu Hause zu Besuch war, hatte ich mir viel Mühe mit der Vorbereitung gegeben. Die Sonne strahlte, ich hatte auf der Terrasse den Tisch schön gedeckt und frische Waffeln gebacken. Den Teig hatte ich gekauft, den gab es in Flaschen zum Schütteln. Sehr praktisch und zeitsparend. Eine der Mütter beugte sich zu mir herüber und sagte: »Anja, ich zeige dir mal, wie man Waffelteig selbst macht. Das ist doch viel gesünder für unsere Kinder.«

Diese Episode habe ich nie vergessen, weil der Hinweis mit dem fetten Stempel »Rabenmutter« versehen war. Das Bild, das sie sich von mir machten, hatte sich bestätigt: Nicht nur, dass sie den ganzen Tag arbeitet – das arme Kind kriegt auch noch Sachen zu essen, die nicht selbst gemacht sind!

Für sich genommen ist dieser Zwischenfall ja eigentlich eine Lappalie. Aber solche Dinge summieren sich irgendwann und aus kleinen Seitenhieben werden Verletzungen, die nicht so schnell heilen. Ich war oft in eine Rechtfertigungsposition gedrängt, musste immer wieder Fragen beantworten, wie Ben damit zurechtkäme, bis 17, manchmal sogar bis 18 Uhr in der Kita zu sein. Ich fühlte mich außerdem oft zerrissen, weil ich an vielen Aktivitäten der Mütter nicht teilnehmen konnte, weil ich Kundentermine hatte. Irgendwann wurde ich dann auch kaum noch gefragt. Man ging wohl davon aus, dass ich sowieso zu viel Stress und zu wenig Zeit für private Verabredungen hatte. Obwohl ich meinen Terminplan selbst bestimmte, fühlte ich mich doch ausgegrenzt. Ich dachte: Wenn du dich nicht selbst kümmerst und nicht anrufst, dann kommt auch nichts. Ich glaube nicht, dass die anderen gehässig waren und mich spüren lassen wollten, dass ich als Berufstätige nicht so richtig zu ihnen gehörte. Dennoch war ich manchmal traurig.

Heute arbeiten alle wieder, die zeitgleich mit mir ihre Kinder bekommen hatten. Sie fingen einfach nur später als ich wieder damit an. Allerdings ist keine der anderen Frauen selbstständig. Wenn man angestellt ist, geht man morgens zum Job aus dem Haus, macht seine Arbeit und geht meist mittags wieder weg, wenn es sich um eine Teilzeitstelle handelt. Dann kannst du auch den Kopf abschalten und bist physisch und gedanklich nur für deine Familie da. Bei Selbstständigen ist das schwierig, es ist immer irgendwas zwischendurch zu tun. Auch abends um acht ruft ein Kunde noch an, wenn er Fragen hat oder eine Änderung wünscht.

Teilweise war es für mich schwer zu ertragen, wenn ich nachmittags mal mit Ben unterwegs war und das Telefon klingelte. Dann brabbelte während des Kundengesprächs das Kind im Hintergrund. Das empfand ich als unprofessionell. Es beschwerte sich zwar nie jemand, aber ich fand, dass Baby und Kunde räumlich nicht zusammengehören. In der Anfangsphase hatte ich Ben öfter bei mir in der Agentur, wir hatten dort ein Reisebett aufgestellt. Wenn ich wichtige Kundentelefonate führte, ging ich aus dem Zimmer. Das eine ist die Geschäftswelt, das andere die Familie. Ich habe immer versucht, das in irgendeiner Form zu trennen.

Wenn ich heute ein paar Jahre zurückdenke, frage ich mich selbst manchmal, wie ich das alles stemmen konnte. Mein Mann, der Offizier bei der Marine ist, ging für sechs Monate auf See, da war unser Sohn vier Monate alt. Ben wurde im April getauft. Eine Woche später stand ich mit dem Kinderwagen am Pier, heulend und winkend, und das Schiff fuhr weg. Und ich war alleine ...

In den letzten Jahren kam mir immer wieder der Gedanke, alles hinzuschmeißen. Aber da gibt es die Verantwortung der Geschäftspartnerin und den Mitarbeitern gegenüber. Wir hatten gemeinsam etwas aufgebaut, zu der Zeit ging es gerade erst richtig los, wir gewannen immer mehr große Kunden dazu, alles musste bearbeitet werden.

Mein Kind war gut aufgehoben. Abends hatten wir unsere gemeinsame Zeit, die wir sehr intensiv nutzten. Ich hänge so sehr an Ben – auch heute noch –, dass ich ihn manchmal noch nicht einmal zur Schule losgehen lassen möchte und ihn am liebsten nur im Arm halten würde. Man kann Vergangenes nicht aufholen. Nur die Gegenwart intensivieren.

Seit zwei Jahren leben wir nun in England, mein Mann ist hierher versetzt worden. Hier gibt es das Thema »Rabenmutter« nicht und auch nicht den Begriff. Hier besuchen Kinder die Ganztagsschule, während die Eltern in der Regel beide arbeiten.

Gerade rund um London ist das Leben sehr teuer. Allein um den Lebensstandard zu halten, müssen oft beide arbeiten. Aber es ist auch erlaubt zu sagen, man möchte gern arbeiten, weil man seinen Beruf liebt.

Die Kinder kommen nachmittags aus der Schule und haben meistens alle Hausaufgaben erledigt. Ben wird morgens um halb acht mit dem Bus abgeholt und um halb fünf nachmittags wieder zurückgebracht. Die deutsche Schule startet um halb neun, bis mittags dauert der reguläre Unterricht und nach dem Mittagessen werden Hausaufgabenbetreuung und Sport- und Kunstkurse angeboten.

Ich empfinde es als Vorteil, dass die Kinder in der Schule ihre Hausaufgaben erledigen. Danach haben sie frei und können spielen und Kind sein. Natürlich muss ich mir die Schulsachen, die er bearbeitet hat, angucken und wir gehen sie zusammen durch. Ich möchte schon wissen, welchen Stand mein Sohn hat.

Mittlerweile habe ich meinen Anteil an der Werbeagentur verkauft, nachdem ich zwei Jahre gependelt bin und fast jede Woche im Flieger nach Deutschland saß, um die Kunden und die Belange der Firma zu betreuen. Das war eine harte Zeit, in der meine Eltern und Schwiegereltern regelmäßig als Betreuung für Ben eingeflogen wurden.

Ich arbeite jetzt freiberuflich weiterhin als Grafikdesignerin. Aber endlich habe ich auch mehr Zeit, mich intensiv der Malerei und der Fotografie zu widmen.

Ich habe für mich eine neue Technik entwickelt, indem ich Foto und Malerei zusammenbringe, und bin damit sehr erfolgreich, besonders mit kleineren Formaten. Gerade hier in England haben die Menschen kleine, niedrige Räume, in die keine Riesengemälde passen.

Vor ein paar Monaten hatte ich meine erste Ausstellung in einer Galerie in London-Putney. Außerdem war ich auf einer Kunstmesse. Es war eine großartige Erfahrung, mich mit anderen Künstlern auf sehr hohem Niveau zu präsentieren. Mir war es wichtig zu sehen, wie meine Werke bei den Engländern ankommen. Die nächsten Ausstellungen bereite ich schon vor, unter anderem in einer Galerie in Notting Hill. Ich finde gerade wieder zu mir. In erster Linie Künstlerin zu sein bedeutet auf alle Fälle nicht weniger Arbeit, aber es beschert mir ein anderes Gefühl.

Das Mutterbild in England ist nicht so ein verklärtes, sondern es ist realistischer und leichter als in Deutschland. Ich empfinde mich hier nicht als Rabenmutter, nur weil ich mein Kind tagsüber in eine Einrichtung gebe, in der es professionell viele Dinge für sein Leben lernt, die ich ihm in dieser Form gar nicht bieten könnte.

Mir kann keiner die acht Jahre zurückgeben, in denen ich zu wenig Zeit für Ben hatte. Manchmal sind die Lebensumstände eben so, dass man sich in einem bestimmten Rahmen arrangieren muss, um eine Sache, die man liebt, nicht ganz aufgeben zu müssen. Und ich hätte mich nicht zwischen Kind und Beruf entscheiden wollen.

Ich hätte gern weniger gearbeitet, aber das war vor ein paar Jahren in Deutschland schwer und das ist es wohl immer noch. Die wenigsten Arbeitgeber trauen sich, Mütter in Teilzeit zu beschäftigen, obwohl doch mittlerweile bekannt ist, wie gut organisiert und effektiv gerade diese Frauen arbeiten.

Wir hatten in der Agentur etliche Mütter, die ein Jahr nach der Geburt ihres Kindes wieder eingestiegen sind und vormittags zwischen neun und ein Uhr richtig viel geschafft haben. Oft waren das die besten Mitarbeiter, die in der Zeit mehr leisteten als manch andere in acht Stunden. Dabei waren sie zuverlässig und schnell. Es ist wichtig, das zu unterstützen. Ich wünsche mir, dass viele Unternehmen in Deutschland umdenken. Das werden sie wohl auch müssen – bei dem Fachkräftemangel, der uns droht.

Ich hätte rückblickend gern mehr Zeit für meinen Sohn gehabt. Aber ich kann die Vergangenheit nicht ändern und es hat unserer engen Bindung keinen Abbruch getan. Jetzt nehme ich mir mehr Zeit für ihn und freue mich unendlich auf unsere nächsten gemeinsamen Jahre.

17

»Erdrutsch ausgelöst«

Sebastian, 59, Celle, Gymnasiallehrer
Tochter Charlotte, 22
Sohn Tilman, 19

*Sebastian ist ein Lehrer, den seine Schüler als »cool« be-
zeichnen. Er wird respektiert, gemocht, trifft den Ton. Ein
moderner Vertreter seiner Art. Lehrer am Gymnasium ist
nur eine von etlichen beruflichen Etappen. Seinen Lebenslauf als gerade und in sich konsequent zu bezeichnen wäre
falsch. Und auch irgendwie langweilig. Denn er suchte immer
schon die Abwechslung, die Herausforderung, ging gerne auf
Nebenstraßen und entdeckte neue Pfade.*

*Wenn Sebastian heute von den Herausforderungen
junger Väter hört, die sich auf das Wagnis Elternzeit einlassen, schmunzelt er wissend. Seine Elternzeit ist mehr als
20 Jahre her, als Ursula von der Leyen noch weit entfernt von
Familienpolitik, Elterngeld und ihrer Idee von Vätermonaten
war. Sebastian war Vollzeit-Vater aus Überzeugung. Seine
Lieblingsdisziplin: Kinder-Weitwurf.*

Wir hatten gerade darüber nachgedacht, wie es wohl wäre,
Kinder zu haben, und wie wir das organisieren würden,
dann ging alles viel schneller als gedacht.

Meine Frau und ich führten eine wunderbar funktionierende
Fernbeziehung, sie war in Visselhövede als Lehrerin angestellt,
ich arbeitete als Referent und Dozent bei einer großen Firmen-
Schule für Kommunikations- und Datentechnik in Essen. Unser
gemeinsamer Plan war, Familie und Beruf zu vereinbaren. In
einer Zeit, in der die Frau meistens zu Hause blieb, die Kinderbetreuung in Deutschland nicht gerade als flächendeckend zu
bezeichnen war und die Strukturen auf dem Land sich noch mal
extra schwierig gestalteten.

Wir waren fest davon ausgegangen, dass es bei uns funktionieren
würde. Diese Einschätzung hat sich dann auch tatsächlich be-
wahrheitet. Es hat funktioniert. Wir legten fest, dass meine Frau
die ersten Monate der Stillzeit im Job pausieren sollte. Wie es dann

weitergehen würde, ließen wir erst einmal offen. Im Nachhinein könnte man uns blauäugig nennen, aber zumindest gutwillig.

Meine Frau blieb also mit Charlotte ein paar Monate zu Hause. Währenddessen erkundigte ich mich nach Möglichkeiten für Väter, Elternzeit zu nehmen. Ich beantragte das in meiner Firma und löste damit einen Erdrutsch aus. Das hatte in diesem riesigen Unternehmen noch nie jemand zuvor gemacht. Die Personalabteilung war total überfordert, niemand wusste, wie das funktionieren sollte, meine Vorgesetzten verstanden nur noch Bahnhof.

Für mich stand der Entschluss fest: Ich wollte eine Auszeit. Ich kriege keine Kinder, um sie von Fremden aufziehen zu lassen, das stand nie in irgendeiner Form zur Debatte. Ich wollte mich selbst um meine Tochter kümmern, zumindest eine gewisse Zeit lang, Entscheidendes ihrer Entwicklung mitbekommen und nicht delegieren.

Meine Frau hatte mir ganz zu Beginn unserer Beziehung die Frage gestellt, was ich grundsätzlich von Karriere hielte. Ich habe wahrheitsgemäß geantwortet, dass sie mir nicht so wichtig sei wie mein Privatleben mit Familie und Kindererziehung.

In meiner Firma hatte es bis dato noch nicht einmal so etwas wie Teilzeitarbeit gegeben. Entweder war man voll beschäftigt, oder man war überhaupt nicht beschäftigt. Die Personaler hatten damals auch buchhalterisch überhaupt nicht die Möglichkeit, jemanden nur mit einem Teil seines Gehaltes nach Hause zu schicken.

Mit meiner Idee stieß ich erst einmal auf völliges Unverständnis: Die zuständige Referentin musste zunächst selbst bei der Konzernzentrale recherchieren. Von dort kam dann das Signal: Theoretisch war es machbar.

Mein Vorgesetzter erklärte mich für verrückt, so etwas Abstruses wie meinen Plan konnte er nicht nachvollziehen. In der Tat habe ich gerne in meinem Job gearbeitet. Ich schulte arbeitslose Pädagogen um, war spezialisiert im IT-Bereich und hatte viel Abwechslung, weil ich auch im Ausland arbeitete, mal in Moskau, mal in Wien. Es wurde nicht langweilig.

Meine neue Herausforderung war meine Tochter, deren Erziehung ich hauptamtlich übernahm, als sie ein Dreivierteljahr alt war. Meine Frau hatte sich mit Büchern über Aufzucht bevorratet, aber ich weigerte mich konsequent, auch nur eines von ihnen in die Hand zu nehmen.

Die Anschaffung an sich fand ich schon sinnvoll, denn skandalöserweise traute ich meiner Frau die Mutterrolle nicht richtig zu. Als Ehefrau, Freundin und Geliebte war sie wunderbar, aber ich dachte, als Mutter müsse sie bestimmt noch dazulernen. Sie war nie ein besonders geduldiger Typ. Erziehung braucht aber Geduld. Sie war zwar damals schon Lehrerin, aber das sind zwei Paar Schuhe: Das eine ist der Job und das andere das eigene Fleisch und Blut, das man rund um die Uhr zu Hause um sich hat.

Die Anschaffung der kleinen Erzieher-Bibliothek war vor unserem beruflichen Hintergrund nur konsequent. Wenn Sie von der Profession her Lehrer sind, bringen anderen was bei oder müssen selbst noch lernen, dann schaffen Sie sich eben Bücher an und machen das über Literatur. Heute ginge das natürlich alles schneller übers Internet, aber zu unserer Zeit war das Buch die beste Möglichkeit, die eigene Unsicherheit zu bekämpfen.

Letztendlich kam meine Frau mit ihrer neuen Rolle besser zurecht, als ich je vermutet hätte. Sie war eine tolle Mutter! Als Charlotte neun Monate alt war, arbeitete sie rund 19 Stunden in der Grundschule. Mittlerweile waren wir vom Land in die Stadt Celle gezogen. Ich hatte fünf Monate Elternzeit beantragt.

Die Kollegen dachten, die Zeit würde voll bezahlt. Sie fingen an, neidisch zu werden, und amüsierten sich darüber, dass ich den ganzen Tag zu Hause sitzen, ein bisschen »Tutu«, »Titi« und ein Kinderlied zwitschern würde, während das volle Gehalt auf mein Konto floss.

In Wahrheit bekam ich 800 Mark pro Monat auf die Hand für die Zeit, in der ich wegblieb. Finanziert wurde das über die Bundesanstalt für Arbeit. Weil ich kaum Ausgaben hatte, gestalteten sich diese fünf Monate als kostenneutral.

Später, als wir eine Kinderfrau dafür bezahlten, dass sie halbtags zu uns nach Hause kam, mussten wir schon anders rechnen. Für das Gehalt dieser Perle, mit der wir heute noch befreundet sind, gingen tatsächlich drei Viertel eines Gehaltes drauf. Das war es uns aber wert! Es war klar, dass es finanziell deutlich knapp würde, aber es funktionierte und wir waren uns einig. In den letzten Jahren hat sich einiges getan, heute bekommt man in der Elternzeit wesentlich mehr Geld und man ist flexibler mit der Aufteilung der Zeit.

Als meine Frau an die Schule zurückging und ich die Aufgaben zu Hause übernahm, trat ich ein schweres Erbe an. Meine Frau bestand auf biologisch dynamischem Kochen, möglichst fleischlos in der ersten Zeit. Das sollte ich nun übernehmen und musste ziemlich viel lernen. Kochen an sich konnte ich bereits, wir gingen dreimal in der Woche auf den Wochenmarkt und versorgten uns dort mit biologisch dynamischen Möhrchen und Roter Bete.

Die Rezepte hatte meine Frau bereitgelegt und nach den ersten Versuchen konnte ich auch diese Zutaten zu mehr oder weniger schmackhaftem Babybrei verarbeiten.

Intellektuelle Zerstreuung fehlte mir nicht, denn ich war mir rechtzeitig dessen bewusst, dass ich in einem überschaubaren Zeitraum ausschließlich mit Themen rund ums Kind unterwegs sein würde. Die Stadt bot darüber hinaus mehr Abwechslung als die dörflichen Strukturen. Wir waren ja auch deshalb nach Celle gezogen, weil meine Frau die Befürchtung hatte, auf dem Dorf für den Spaziergang mit dem Baby nur zwischen vier Feldwegen wählen zu können und ansonsten keine weitere Zerstreuung zu haben.

Jetzt lebten wir in einer Stadt mit kulturellem Angebot und anderen Themen als der Aufzucht von Kindern. Ich hatte kaum

Berührungspunkte mit anderen Müttern, der Alltag mit der kleinen Charlotte wurde schnell routiniert und ließ sich hervorragend organisieren, es war eine schöne Zeit.

Der Wiedereinstieg in den Job verlief leicht, wobei mir nach der intensiven Zeit mit meiner Tochter die Trennung für ganze Tage doch schwerer fiel als gedacht. Die wunderbare Kinderfrau, die dann übernahm, machte es aber möglich, dass meine Frau und ich ohne allzu schwere Herzen arbeiten gehen konnten. Sie war der zweite Versuch einer Betreuungskraft, nachdem wir das erste Modell sehr schnell wieder entsorgt hatten. Da brüllte das Kind, wenn wir morgens gingen, nachmittags war die Wohnung verräuchert und die Telefonrechnung auf einmal astronomisch hoch.

Den Stress, morgens früh loszufahren, um das Kind in Hektik und bei jedem Wetter irgendwo hinzubringen, um es dann womöglich mit etlichen anderen zusammen betreut zu bekommen, den wollten wir uns und dem Kind nicht antun. Wir waren uns einig, lieber mehr zu bezahlen, intensiver zu suchen und dann eine vertrauensvolle Person zu uns nach Hause kommen zu lassen. Zum Glück konnten wir letztendlich einen Volltreffer landen.

Als ich in der Firma zurück war, hatten sich alle schon längst beruhigt und die Aufregung über meine Pause war verebbt, die Wiedereingliederung funktionierte also ganz gut. Vielleicht hätte ich mit weniger Ausgeglichenheit und Selbstbewusstsein eine solche Exotennummer nicht durchhalten können.

Aber wenn man weiß, was man will und was man kann, also was man in diesem Zusammenhang darf und was einem zusteht, dann ist der Weg, den ich gegangen bin, vielleicht gar nicht so gewaltig. Die Kollegen haben das schon anerkannt, manche vielleicht auch bewundert. Aber unterm Strich hörte es sich immer eher so an: »Toll, dass er das macht, selbst würde ich das aber nie tun.«

Drei Jahre später wurde meine Frau mit unserem Sohn schwanger. Für uns war klar: Wir machen alles noch einmal so, letzten Endes hatte es ja beim ersten Mal funktioniert. Never change a winning team!

Die Personalabteilung sah das etwas anders. Meine Elternzeit hatte dann auch deutliche Spuren in der Personalakte hinterlassen. Es war nicht so leicht, Einblick darin zu bekommen. Die Unterlagen befanden sich in der Firmenzentrale in München. Als ich dort beruflich zu tun hatte, machte ich einen Abstecher in die Personalabteilung. In meiner Akte stand dick unterstrichen: »Hat Erziehungsurlaub genommen.« Kein weiterer Kommentar – das wäre ja auch unzulässig gewesen. Aber dieser eine Satz wirkte für sich so stark, dass er sich mit Sicherheit nicht förderlich auf meine Karriere ausgewirkt hat. Es war mir aber egal.

Charlotte besuchte mittlerweile einen Spielkreis, zu dem wir sie vormittags brachten. Tilman wurde geboren und meine Frau blieb wieder ein Dreivierteljahr mit Kind zu Hause. Dann nahm ich zwei Monate Elternzeit und reduzierte für weitere vier Monate meine Stundenzahl auf 19. Die Kinderfrau übernahm in der Zeit danach. Also das bewährte Modell.

Durch die zwei Kinder gab es diesmal für mich doch mehr Berührungspunkte mit anderen Müttern. Neugierig wollten sie von mir wissen, wieso ich zu Hause bliebe und wie es mir dabei ginge. Gefolgt von den Wünschen, der eigene Mann würde selbst mal auf solch eine Idee kommen.

Die Mütter waren in Erziehungsdingen genauso unerfahren wie ich auch und wir begegneten uns durchaus auf gleicher Ebene. Sie nahmen mich als Vater ernst. Ganz im Gegensatz zu meinen Eltern und der Schwiegermutter, die mich eher für unterbelichtet hielten, und die fanden, die Kindererziehung müsse von der Mutter geleistet werden.

Ich habe ein ziemlich dickes Fell. Wenn ich mir etwas wirklich vorgenommen habe und das auch so verfolge, ist mir die Reaktion meiner Umwelt, sofern sie nicht meine engste Familie belastet, ziemlich egal. Wenn andere über einen herfallen, muss man gewappnet sein und im Ernstfall einfach nur immer wieder betonen, dass es sich um eine völlig persönliche Entscheidung handelt, die niemanden etwas angeht. Punkt.

Wer kein dickes Fell hat, muss sich eben eines zulegen. Die wichtigste Voraussetzung dafür ist, dass man selbst von seinem Plan absolut überzeugt ist. Ich hatte großen Ehrgeiz, alles gut zu machen. Aber nicht wegen der anderen Leute, sondern meiner Frau und meinen Kindern gegenüber.

Dass die Kinder in ihrer Kleidung adrett aussahen, darauf achtete ich nicht. Wichtiger war mir, dass meine Kinder körperlich und geistig beweglich sind, dass sie furchtlos und behütet aufwachsen. Ich liebte es, mit den Kindern auf dem Boden herumzutollen, spazieren zu gehen, Fahrrad zu fahren und liebevollen körperlichen Kontakt zu haben.

Nachdem ich aus der zweiten Elternzeit zurückgekehrt war, fragte kaum noch ein Kollege danach. Es war jetzt keine Sensation mehr und alle hatten realisiert, dass ich mit meinem Schritt gewaltige finanzielle Kompromisse eingehen musste, das hatte sie beruhigt. Sie mussten nicht mehr neidisch auf mich sein.

In meiner Firma war ich vielleicht Vordenker für andere Väter, aber nicht Vorreiter, direkte Nachahmer hat es nicht gegeben. Zu viele Familien-Versorger waren dort beschäftigt. Viele alte Strukturen, sehr traditionelle Familienbilder.

Heute bin ich am Gymnasium als Lehrer beschäftigt. Viele meiner männlichen Kollegen gehen in Elternzeit, manche auch für länger. Die Situation ist aber für Beamte auch leichter, es gibt mehr Sicherheit. Die Frauen mit Kind gehen doch heutzutage viel selbstverständlicher wieder zurück in den Job als noch vor 20 Jahren.

Es bringt eine Menge Erfüllung zu sehen, wie die eigenen Kinder aufwachsen, wie sie dazulernen, die ersten Widerworte geben, eigenständig denkende Wesen werden. Das sind Gefühle und Erlebnisse, die einem ein Job so nie vermitteln kann.

Es ist eine tolle Erfahrung für Väter, die die Beziehung zu den Kindern noch einmal ganz besonders prägt. Der Einfluss, den Männer auf ihre Kinder nehmen, ist ein anderer, als wenn er von den Frauen kommt. Ein ganz wesentlicher Punkt ist die Risikobereitschaft. Ich habe meine Tochter und meinen Sohn immer auf hohe Bäume klettern lassen und darunter gestanden, damit ihnen nichts passiert. Wir haben viele Abenteuer zusammen bestanden, das kannte ich so aus meiner Kindheit. Meine Frau dagegen ist als Einzelkind weitgehend von ihrer alleinerziehenden Mutter aufgezogen worden. Sie war immer ausgesprochen vorsichtig und hatte große Sorge um die Kinder.

Eines meiner Lieblingsspiele, das mein Bruder und ich mit den Kindern unternahmen, war Kinder-Weitwurf.

Man stellt sich in geringem Abstand voneinander auf und wirft sich dann die Kinder zu. Das macht den Kleinen und den Großen einen Heidenspaß. Dann vergrößert man langsam die Entfernung. Es ist ein wunderbares Spiel, das bis zum Alter von zwei Jahren funktioniert, danach werden die Kinder einfach zu schwer. Das Spiel wurde übrigens niemals in Anwesenheit der Mütter durchgeführt, das ging gar nicht, es hätte einen Nervenzusammenbruch hervorgerufen.

18

Musterbeispiel iranischer Emanzipation

*Golnaz, 34, Fulda, Fremdsprachenkorrespondentin
und Unternehmerin
Tochter Kimia Zoe, 3*

In Golnaz' Familie hat der Vater im Iran die Emanzipation
vorangetrieben. Seine Frau arbeitete in Vollzeit bei einer
großen Firma im Ölgeschäft. Ihr Mann blieb zu Hause und
übernahm die Erziehung der Kinder. Die ältere Tochter
schickte er 1989 gleich nach ihrem Abitur nach Deutschland,
um zu studieren. Er wusste, im Iran wäre diese Ausbildung
für seine Mädchen nicht möglich gewesen. Deshalb folgte
der Rest der Familie nach. Golnaz war zwölf, als ihr freies,
emanzipiertes Leben in Deutschland begann.

Unser Vater verfügte immer schon über eine unglaubliche Weitsicht. Er wusste: Nur wer sich als tiefreligiös und regimetreu zeigt, wird im Iran in Ruhe gelassen. Wir wurden kritisch beäugt, die Nachbarn waren misstrauisch. Ein Familienoberhaupt, das die Kinder in den Kindergarten und zur Schule bringt, einkauft, kocht und auf den Spielplatz geht, also typische Frauenaufgaben übernimmt, ist mehr als verdächtig.

Mein Vater war bei einer politischen Zeitung beschäftigt. Als das Regime antiwestlich regierte und freie Meinungsäußerung nicht mehr möglich war, verlor er seinen Job. Er wurde überwacht und verfolgt, aber man konnte ihm nichts Staatsfeindliches nachweisen.

Auch meine Mutter hatte auf ihrer Arbeitsstelle zu kämpfen. Dass ihr Mann zu Hause auf ihre Kinder aufpasste, machte den Alltag nicht gerade leichter. Sie hatte einiges an Sprüchen und Ausgrenzung zu ertragen.

Ich feierte im Iran noch meinen zwölften Geburtstag, wenige Tage später saßen mein Vater und ich im Flieger nach Deutschland. Alles ging sehr schnell, aber trotzdem freute ich mich, spürte ohne Angst die Aufbruchsstimmung.

Die erste Zeit in Deutschland war natürlich ungewohnt, wir kannten niemanden, mussten die Sprache lernen. Ich ging sofort auf eine Schule, dafür sorgte mein Vater. Der einzige Wermutstropfen: Meine Mutter lebte noch im Iran, es dauerte ein Jahr, bis sie nachkommen konnte. Sie bekam lange kein Visum, musste außerdem unsere Wohnung, unser altes Leben abwickeln. Meinen Vater hat man bereitwillig rausgeworfen aus dem Land, dessen Führung er kritisch gegenüberstand. Auf ihn wollte man gern verzichten, das war unser Glück.

Ich wurde in Deutschland sehr bildungsorientiert und fortschrittlich erzogen. Nach dem Abitur begann ich, Bauingenieurwesen und Stadtplanung zu studieren, leider war ich kein Mathegenie, das Studium plätscherte so vor sich hin. Und wieder war es mein Vater, der realistisch und weitsichtig genug war: Er schlug mir vor, einen anderen Weg zu wählen, etwas zu lernen, das mir wirklich lag. Ich machte eine Ausbildung zur Fremdsprachenkorrespondentin und konnte sofort danach in Frankfurt arbeiten.

Bereits vor der Ausbildung hatte ich meinen Mann kennengelernt, wir führten zwei Jahre lang eine Fernbeziehung zwischen Kassel und Fulda. Wir heirateten erst nach acht Jahren Beziehung, da war ich 29. Er sprach lange vor mir von Kindern, die biologische Uhr tickte bei mir eigentlich nie. Ob mit Kind oder ohne, klar war: Ich bleibe nicht für immer zu Hause, nur für ein Jahr Elternzeit, danach wollte ich wieder zurück in den Beruf.

Ich kannte es nicht anders, meine Mutter hatte immer gearbeitet und meine Schwester, mittlerweile alleinerziehend mit zwei kleinen Kindern, war auch immer berufstätig gewesen.

Als meine Tochter geboren war, merkte ich, wie alleine ich in Fulda war. Beide Großeltern lebten weiter entfernt, keiner von ihnen war spontan zur Unterstützung verfügbar. Als mein Mann eine Woche auf Geschäftsreise ging und ich mich mit meiner kleinen Tochter, die ich doch so sehr liebte, fast gefangen fühlte, wurde mir endgültig klar: Ich musste mir einen Babysitter suchen. Ich brauchte ein Netz, das mich auffing, wenn es Notfälle gab, für Krankheitsfälle, aber auch für ein paar Stunden, damit ich mal alleine Kaffee trinken gehen konnte.

Es gab ein paar Tagesmütter in Fulda, aber ich wollte meine Tochter Kimia nicht irgendwo abgeben. Ich wusste, ich wäre beruhigter, wenn eine Vertrauensperson zu uns nach Hause käme, in die gewohnte Umgebung meines Kindes.

Zugegeben, mein Mütter-Netzwerk war nicht das beste. Ich war kein Typ für Krabbelgruppen und Babymassage, ich kannte die Geschichten meiner Schwester von ellenlangen Gesprächen darüber: »Was kann dein Kind und meins noch nicht.« Ich wollte mich mit normalen Leuten treffen und über Themen sprechen, die nicht nur Kinder zum Inhalt hatten. Ich hatte ein einschneidendes Erlebnis mit einer Bekannten, die ich kennengelernt hatte, bevor sie Mutter wurde. Nun sahen wir uns nach langer Zeit wieder, sie brachte ihre drei Kinder mit ins Café. Mitten im Gespräch packte sie ihre Videokamera aus und filmte ihren Nachwuchs. Ich war sprachlos und fuhr nach Hause.

Später sortierte ich die Leute danach aus, wie flexibel sie trotz Kinder im Kopf waren. Durch meine Agentur, die ich später gründete, in der ich Kinderbetreuung vermittle, lernte ich berufstätige Mütter kennen – eine Wohltat! Plötzlich ist man keine Exotin mehr und teilt miteinander ganz andere Sorgen als die Frage, ob das Kind schnell genug krabbelt und ob Pastinake oder Möhre der bessere Einstiegsbrei ist. Unbewusst sucht man sich Gleichgesinnte. Ich genoss die Zeit natürlich, die ich mit Kimia verbrachte. Aber ich mochte auch die Stunden, in denen ich eben nicht nur Mutter, sondern Berufstätige war.

Die Idee, meine Agentur zu gründen, kam mir, als ich merkte, wie schwer es war, einen Babysitter zu finden, und wie schräg man meistens angeschaut wurde, wenn man sich nach Kinderbetreuung für ganz Kleine erkundigte.

Aus großen Städten wie Frankfurt kannte ich professionelle Vermittler. So etwas wollte ich in Fulda ebenfalls anbieten. Die Anrufe kamen sofort nach der Gründung meiner Agentur. Das Interesse war groß, obwohl die Frauen zunächst davon ausgingen, dass sie ihre Kinder zu uns bringen müssten. Unser Service bestand jedoch darin, Babysitter zu den Müttern nach Hause zu schicken.

Ich hatte es selbst ausprobiert: Am Anfang meines Wiedereinstiegs arbeitete ich zwei volle Tage in der Woche als Assistentin bei einer Frankfurter Bank. Während dieser Zeit passte unsere Babysitterin, eine junge Frau, auf unsere Tochter auf. Und zwar bei uns zu Hause, in unserer gewohnten Umgebung. Es klappte wunderbar. Unser Umfeld reagierte mehr als misstrauisch, die Frauen hätten ihr Kind eher in einer Krabbelstube oder bei einer Tagesmutter abgegeben. Dass mein Modell das deutlich bessere und harmonischere fürs Kind ist, haben sie erst später verstanden. Es sprach sich dann schnell herum.

Mir war einfach sehr früh klar geworden, dass man sich nicht damit abfinden kann, dass es bestimmte Angebote einfach nicht gibt. Da sind Frauen oft noch zu lahm. Man muss es eben selbst organisieren, so wie man das wünscht, und sich selbst jemanden suchen, der hilft. Ich musste mir doch auch ein Modell stricken, das mir die Vereinbarkeit von Familie und Beruf ermöglichte, so wie ich es wollte.

Ich hatte eine Anzeige geschaltet, führte Vorstellungsgespräche. Bei einer der Damen war mir klar: Sie ist es. Da funktioniert das Bauchgefühl einer Mutter hervorragend. Die Rahmenbedingungen stimmten ebenfalls: Katharina hatte Erfahrung mit Kindern, wohnte um die Ecke und fühlte sich bei uns zu Hause wohl. Und die Hauptsache: Meine Tochter mochte ihre Kinderfrau. Das hatte ich sehr genau beobachtet.

Ich kann Frauen nicht verstehen, die eine sogenannte »Fremdbetreuung« für kleinere Kinder kategorisch ablehnen. Irgendwann beginnt sowieso die Kindergartenzeit. Und nur weil jemand nicht blutsverwandt ist, kümmert er sich doch nicht automatisch weniger liebevoll um die Kleinen.

Wir haben zum Beispiel den besten Patenonkel der Welt und der ist kein Familienmitglied. Kimia liebt Onkel Roger, er ist für sie der Allergrößte. Wenn wir anfangs beide alleine losziehen ließen, gab es schon hochgezogene Augenbrauen im Umfeld. Die Mutter war nicht dabei! Das Kind alleine mit einem fremden Mann. Fremdbetreut! Völlig außer Acht blieb dabei, dass es sich um einen engen Freund von uns handelte, dem wir absolut vertrauten. Er geht mit ihr wunderbar um und gibt wichtige Impulse, auch mir als Mutter. Ich kann von diesem zusätzlichen Einfluss nur lernen. Roger ist viel konsequenter als ich, er bewies mir bereits mehrfach an Kleinigkeiten, dass auch ich in der Erziehung stringenter sein könnte. Zuletzt wenn es darum ging, das Kind ganz spielerisch dazu zu bringen, das Zimmer aufzuräumen. Das funktionierte auf einmal ohne Tobsuchtsanfälle. Mütter wissen auch nicht immer alles, das ist eine falsche Selbsteinschätzung.

Letztendlich gilt der vielzitierte Satz: Jeder muss für sich selbst entscheiden. Eine meiner Freundinnen hatte fest vor, nach einem Jahr wieder arbeiten zu gehen. Als das Kind da war, konnte sie sich aber nicht von ihm trennen. Sie blieb drei Jahre zu Hause. Wer sich nur mit dieser Lösung wohlfühlt, muss es dann eben auch so machen.

Spätestens wenn man ausprobiert, wie sich das kleine Stückchen Freiheit und Selbstbestimmtheit anfühlt, kann man sich damit auch anfreunden. Mein Mann erinnert sich ebenfalls gerne daran, wir beide empfanden diese Zeit als wunderschön und bereichernd zugleich. Wir durften alles haben: unsere fantastische Tochter, unseren spannenden Beruf, Entlastung, Zeit für uns als Paar, Konzentration auf die Familie.

Kimia ging es gut, die Kinderfrau unternahm viel mit ihr, besuchte Kurse, spielte, ging spazieren. Es war so gut, dass das alles bei uns zu Hause in der gewohnten Umgebung stattfand. Auch für mich war das eine Beruhigung. Natürlich war die Betreuung teuer, wir hatten die Arbeit offiziell angemeldet, das kostete sieben Euro die Stunde, 20 Stunden in der Woche. Aber es war teuer und gut und es lohnte sich. Jeden Cent, den Katharina bekam, hat sie sich wirklich verdient. Sie hat sich hervorragend um unsere Tochter gekümmert.

Diese individuelle Betreuung hat so viele Vorteile: Ich musste das Kind nicht morgens um sechs wecken und wegbringen, damit ich zur Arbeit fahren konnte. Kimia durfte immer ausschlafen, Katharina übernahm sie und frühstückte später mit ihr. Es war ein intimes Verhältnis – wie mit einem weiteren Familienmitglied, das in die privaten Abläufe integriert wird. Das macht es zum Erfolgsmodell.

Ich kenne die Befürchtungen und kritischen Nachfragen anderer Leute. Eine Tagesmutter ist vielleicht günstiger, aber ich hatte durch diese individuelle Lösung eine ganz persönliche Garantie nur für mich und meine Familie. Das war es uns wert.

Meine Schwiegereltern waren nicht begeistert. Direkt hat es mir keiner vorgeworfen, aber im Bekanntenkreis spürte man doch schon, dass ich besser drei Jahre hätte zu Hause bleiben sollen. Arbeitskolleginnen, die mich kurz nach der Geburt besuchten, fragten kritisch, ob ich denn unbedingt Karriere machen wolle. Es ist leider symptomatisch, dass Mütter, die einfach nur ein Bein im Job behalten wollen, anstatt Hausfrau zu sein, als karrieregierige Personen hingestellt werden.

Kimia war ein halbes Jahr alt, als meine Idee mit der Babysitter-Agentur »Schaukelpferd« reifte. Das Prinzip ist einfach: Wenn sich bei mir eine Mutter meldet, suche ich in der Kartei nach einer passenden Betreuerin und verabrede einen ersten Kennen-lern-Termin. Dann gibt es einen Probearbeitstag und erst danach entscheiden Familie und Babysitter, ob sie sich aufeinander einlassen möchten. In meiner Kartei sind überwiegend Studentinnen oder junge Frauen vermerkt, die eine Ausbildung zur Erzieherin machen.

Zusätzlich leiste ich auch psychologische Arbeit: Oft werden Mütter vom Ehemann oder von den Großeltern gebremst und verunsichert, wenn sie sich trauen wollen, wieder in den Beruf einzusteigen. Ein schlechtes Gewissen ist schnell hervorgerufen, da kann ich dann aber mit meiner Vita mit gutem und sicherem Beispiel vorangehen und ermuntern.

Ich muss den Frauen häufig Mut zusprechen, wenn ich merke, dass der Wunsch und der Bedarf definitiv da sind, aber die Sorge, was die Nachbarn und die Schwiegermutter denken, alles überschattet.

Natürlich kenne ich alle jungen Frauen, die ich in die Kartei aufnehme, persönlich. Ich habe ihre Lebensläufe gelesen und mit ihnen ausgiebig gesprochen. Meine Tochter ist dabei ein wichtiger Auswahlfaktor. Sie ist meistens bei den ersten Bewerbungsgesprächen dabei und ich beobachte genau, wie sie auf die Kandidatinnen reagiert und wie diese wiederum mit ihr umgehen. Wer stocksteif auf dem Sofa sitzen bleibt oder eine aufgesetzte Freundlichkeit zeigt, kommt natürlich nicht infrage. Darüber hinaus habe ich einen guten Instinkt, wer passt und wer nicht.

Die Anfragen an uns sind ganz unterschiedlich. Neulich sollten wir jemanden vermitteln, der bei einer Riesenhochzeit fünf Kinder ab 20 Uhr bis in die Nacht betreut. Da frage ich natürlich genauer nach, ob eine Art Animateur gefragt ist oder ein Märchenonkel. In diesem Fall ging es nur darum, dass jemand wacht, wenn die Kinder schlafen.

Jetzt suchen wir für eine Studentin eine Betreuungskraft, die das Kind nachmittags vom Kindergarten abholt und sich mit ihm beschäftigt, bis die Mutter wieder zu Hause ist. Oft vermitteln wir auch Babysitter, wenn die Eltern nur mal ins Theater oder ins Kino gehen möchten. Viele Eltern trauen sich das gar nicht, was so schade ist, weil dadurch Paare jahrelang nichts gemeinsam unternehmen – aus Angst, ihrem Kind zu schaden. Aus unserer Erfahrung kann ich nur sagen: Es läuft super! Unsere Babysitter kommen natürlich eine Stunde vorher in die Familie und beschäftigen sich mit dem Kind und lernen es kennen. Die Eltern bringen es selbst ins Bett und verlassen dann das Haus.

Ich liebe meine Agentur, mein Herz steckt darin. Von den Einkünften leben könnte ich allerdings nicht. Dafür müsste man das Ganze noch viel umfangreicher aufziehen, so wie in Großstädten. Aber ich helfe damit vielen Müttern, ein bisschen mehr Freiheit zur Verfügung zu haben. Und ich bin zum Glück nicht auf großen Gewinn angewiesen, denn ich habe ja meinen festen Job in Frankfurt, wo ich jeden Tag von acht bis 14 Uhr arbeite.

Unsere Tochter entwickelt sich prächtig. Kimia weiß, dass ihre Mutter arbeiten geht, aber auch, dass sie an erster Stelle steht, sobald ich mittags nach Hause komme. Mein Mann bringt sie morgens in den Kindergarten und holt sie mittags wieder ab. Er ist selbstständiger Versicherungskaufmann und kann sich seine Zeit etwas einteilen. Er hat mich immer unterstützt. Frauen sollten sich ihre Männer gut aussuchen und früh prüfen, ob sie auch als berufstätige Mutter Hilfe bekommen werden.

Wenn der Mann nicht dahintersteht, dann wird es Chaos geben, weil die Frau dann immer kämpfen muss. Außerdem ist der Arbeitgeber wichtig. Wenige Chefs wissen, dass sie ein Vielfaches an Leistung zurückbekommen, wenn sie den Frauen entgegenkommen. Ich bin meinem Chef unendlich dankbar, denn die Personalabteilung hatte sich in meinem Fall auf einige individuelle Arbeitszeit-Regelungen eingelassen. Als Kimia einmal sehr krank war und ich zwei Wochen unbezahlten Urlaub eingereicht hatte, bekam ich ungefragt Sonderurlaub. Für so einen Arbeitgeber zerreißt man sich dann auch.

In Deutschland fehlt es noch an Mut. An dem Mut, einfach zu sagen: »Ich habe heute keine Lust auf mein Kind, ich mache jetzt mal etwas alleine, nur für mich.« Eine Freundin, die drei Kinder hat, muss sich regelmäßig rechtfertigen, weil sie es wagt, einmal in der Woche einen Yoga-Kurs zu besuchen.

Es fehlen Solidarität und Menschlichkeit. Mütter müssen nicht immer perfekt sein, sie sollten auch mal egoistisch sein dürfen.

Und sich nicht immer dafür rechtfertigen müssen, dass Berufstätigkeit für sie wichtig ist.

Die erste Frage an die Mütter, die kurz nach der Geburt in den Beruf zurückgehen, ist meistens, warum sie denn so schnell wieder arbeiten müssen. Ich habe immer geantwortet: »Ich muss nicht, ich will!«

19

»Halbe-halbe«

Oliver, 42, Hamburg, Hörfunkredakteur
Tochter Lilly, 7
Tochter Greta, 4

Wenn zwei Ehepartner im selben Unternehmen arbeiten und in der Hierarchie und vom Einkommen, von der Ausbildung und von der Charakterstruktur her absolut auf einer Ebene stehen und sich auch im Kinderwunsch einig sind – wie geht das dann weiter?

Oliver und seine Frau arbeiteten in derselben Redaktion, hatten das gleiche Tätigkeitsfeld und beide nahezu unkündbare Jobs. Undenkbar für beide Partner, dass nur einer von ihnen zurückstehen würde, sobald sie ein gemeinsames Kind hätten.

Deshalb fassten sie einen gerechten Plan: Sie teilten sich die Elternzeit 50 zu 50 auf. Und weil es so gut funktionierte, machten sie alles zweimal: Kinder und Elternzeit.

Meine Frau Katja kann ich mir ohne Beruf nicht vorstellen. Es war unausgesprochen klar, dass wir nicht nach dem klassischen Rollenmodell leben würden.

So weit konnten wir uns richtig einschätzen, obwohl wir zum Zeitpunkt der Familienplanung erst seit einem Jahr ein Paar waren. Aber wir waren lebenserfahren genug, um realistisch zu planen. Wir wussten auch, dass keiner von uns den Job über die Familie stellen würde. Die große Karriere zu Lasten von Kindern strebten wir beide nicht an.

Ich halte es für unglaublich wichtig, dass sich ein Paar frühzeitig darüber klar wird, welche Bedürfnisse die Partner haben. Ich möchte, dass meine Ehe funktioniert. Was habe ich von einer Frau, die mein Kind betreut und es erzieht, aber so unzufrieden ist, dass sie mir möglicherweise wegläuft?

Ich wollte immer mit einer glücklichen Partnerin ein für uns beide glückliches Leben führen. Katja hatte 32 Jahre erfolgreich ihr eigenes Leben geführt. Warum sollte sie jetzt alles aufgeben?

Ich habe nicht im Alter von 15 davon geträumt, eines Tages in Sandkisten Gespräche über die Konsistenz von Babyausscheidung zu führen. Auch später habe ich Studium und Beruf nicht als Übergangsphase zum Väterdasein betrachtet. Dennoch wollte ich – gerade in dieser frühen Phase – so viel Zeit wie möglich mit meinen Kindern verbringen.

Es gibt viel Schönes, das man in der Zeit mit Baby erleben kann. Es gibt aber auch manche Erlebnisse, um die man nicht gebeten hat.

Katja übernahm die erste Hälfte der Elternzeit, das bot sich alleine schon wegen des Stillens an. Die Wachablösung erfolgte exakt nach sechs Monaten, damals gab es noch keine zusätzlichen Vätermonate. Katja hatte abgestillt, wir wollten keinen Stress mit Milch im Kühlschrank zwischen Wurst und Butter.

Unsere Übergabe gestaltete sich recht unspektakulär. Ich war schon vorher in alle Abläufe integriert gewesen und brauchte keine besondere Einweisung. Ich war kein Vater, der nur am Wochenende präsent war. Vor Arbeitsbeginn und nach Feierabend hatte ich immer schon meine Tochter versorgt und mich um sie gekümmert. Die Anfangsphase war jedoch anders als gedacht.

Mir wurde gesagt, auf dem Spielplatz lerne man sofort andere nette Eltern kennen. Ich saß aber meistens alleine da. Das war unter anderem darauf zurückzuführen, dass Mütter sich unbefangener begegnen und ich eher argwöhnisch aus der Distanz beobachtet wurde. Grundsätzlich war mir meine Privatsphäre ohne aufgezwungene Gespräche sehr lieb. Ich bin zwar ein sehr kommunikativer Typ, aber ich sage nicht fünf Minuten nach dem Kennenlernen: »Was macht ihr morgen Nachmittag? Ich habe einen super Apfelkuchen im Repertoire, kommt doch mal vorbei.«

Stundenlanges Spazierengehen und die Hausarbeit verlangen einen Ausgleich. Bauklötze zu stapeln, Möhren zu Brei zu kochen und das Baby zu schaukeln kann über einen langen Zeitraum bisweilen auch etwas langweilig sein. Es kam schon vor, dass ich Katja bei ihrer Rückkehr abends ungeduldig fragte, warum sie denn zehn Minuten später käme als üblich. Und ob das denn so dringend gewesen sei, was sie noch im Dienst zu erledigen hatte. Hin und wieder schaute ich ab 18 Uhr in Minutenabständen auf die Uhr. Irgendwann am Tag dürstete ich nach einem Gespräch, bei dem ich meinen Kopf anstrengen musste. Ich sehnte mich nach einem Austausch über Politik, Beruf und Alltag.

Wenn man arbeiten geht, hat man als Mann kein schlechtes Gewissen. Viele Frauen haben mir gesagt, sie arbeiteten trotz Mutterschaft gerne, aber immer mit einem kleinen schlechten Gewissen, dass das Kind zu kurz käme. Als meine sechs Monate vorbei waren und ich wieder arbeiten ging, hatte ich aber kein Schuldgefühl, mein Kind in die Kita zu geben, auch wenn sie erst 15 Monate alt war.

Ich selbst mag meine Arbeit äußerst gern, es ist mein Traumberuf. Ich liebe die Aufgaben, die Teamarbeit, die Vielfalt der Themen. Trotzdem war die Elternzeit eine für mich wichtige Erfahrung. Katja und ich waren nie Konkurrenten darin, wer was wie besser gehandhabt hat. Unsere Einstellung ist offensichtlich gesund: Wir gingen trotz aller Freude und Glücksgefühle auch pragmatisch an die Elternzeit heran.

Es ist von großem Vorteil, wenn ein Paar die Elternzeit und die damit verbundenen Aufgaben gleichberechtigt durchsteht. Dafür sind gleiche Voraussetzungen nötig. Es macht keinen Sinn, wenn der Hauptverdiener mit sicherem Job eine Auszeit nimmt. Wäre ich mit einer Frau verheiratet, die entweder arbeitslos oder mit sehr kleinem Gehalt ausgestattet gewesen wäre, hätte ich – wenn überhaupt – nur eine ganz kurze Elternzeit übernommen.

Viele scheuen leider die frühzeitige konkrete Auseinandersetzung über Vereinbarkeit und Gleichberechtigung. Wenn es offensichtliche Differenzen gibt, ist es besser, die Notbremse zu ziehen. Männern sollte es aber auch aus reinem Eigennutz wichtig sein, dass die Frau glücklich und ausgefüllt ist. Ich will doch meine Ehe erhalten, was nützt mir als Mann eine Scheidung nach zehn Jahren – mit dem ganzen Streit ums Geld, Streit um die Kinder?

Dafür braucht es Kompromisse. Wenn ich spüre, dass ich auf keinen Fall ein halbes oder sogar ganzes Jahr auf die Kinder aufpassen möchte, dann muss ich das eben auch artikulieren. Wenn die Frau das nicht akzeptieren kann, muss man sich entweder überwinden und es ihr zuliebe tun oder ehrlich zu sich selbst sein und feststellen, dass man keinen Vergleich findet und die Beziehung unter der Voraussetzung keine Kinder und wahrscheinlich auch keine gemeinsame Zukunft ermöglicht.

Unser Plan beim ersten Kind ging auf, unser Modell funktionierte für alle Beteiligten gut. Deshalb wiederholten wir es bei Tochter Nummer zwei. Die Große war bereits in der Kita, wir bauten ein Einfamilienhaus. Greta wurde zwei Wochen nach dem Einzug geboren.

Die zeitliche Korrelation war extrem, aber wir sind froh, dieses Grundstück rechtzeitig gefunden zu haben, sodass wir den Hausbau nicht mit zwei Kindern durchziehen mussten. Wir teilten erneut die Elternzeit auf, jeder von uns nahm sechs Monate frei. Mittlerweile war auch eine gewisse Normalität in unserem Umfeld eingekehrt, immer mehr Väter wagten den Schritt.

Auch ohne Elterngeld hätten wir Kinder bekommen. Dennoch beeinflusst es bestimmt viele Eltern positiv bei der Entscheidung für ein zweites Kind, es hilft, finanzielle Durststrecken zu überstehen.

Die Diskussion um Gleichberechtigung beförderte es ebenfalls. Jedoch Männer, die zwei Monate in Elternzeit gehen und sich dann noch jahrelang selbst auf die Schulter klopfen, kann ich nicht ernst nehmen. Erst recht nicht, wenn sie die Zeit womöglich für die eigene Fortbildung genutzt haben. Ich denke, sechs Monate wie bei mir sind schon das Mindeste an Einsatz. Andere Bekannte entschieden sich für ein ganzes Jahr, denen zolle ich wirklich Respekt.

Väterzeit kostet mehr Kraft als der berufliche Alltag. Ich kann mir keine Schicht vorstellen, die anstrengender ist, als den ganzen

Tag mit Kindern zu verbringen. Es ist anspruchsvoller, neben der Hausarbeit im Chaos herumtobende, oft nörgelnde Kinder zu beschäftigen, als ein Team bei der Arbeit zu organisieren. Ein geliebter Beruf ist sehr viel einfacher und entspannender als eine Zeit zu Hause. Ich habe vor jedem Respekt, der zu Hause ist und sein Leben organisiert. In Phasen, wo der Nachtschlaf mehrfach unterbrochen wird und die Tage von Trotzanfällen und vielen kleinen Befindlichkeiten geprägt sind, fahre ich zur Entspannung ins Büro.

Trotzdem würde ich mich immer wieder so entscheiden. Es müssen nur die Rahmenbedingungen stimmen. Ich rate allen Vätern: Wenn man riskiert, seinen Job dadurch zu verlieren, dann sollte man es nicht machen. Wenn ich dabei in finanzielle Schieflage gerate, dann würde ich es auch nicht tun. Wenn man es aus eigenem inneren Antrieb eigentlich partout ablehnt, dann sollte man es ebenfalls bleiben lassen, auch im Sinne der Kinder.

Ich habe Respekt vor jeder Frau, deren Passion Familie und Kinder sind. Wenn meine Frau so wäre, dass es ihr ausschließlicher Traum ist, Mann und Kind ein wohliges Zuhause zu schaffen, dann wäre das in Ordnung. Aber meine Frau ist anders – deshalb habe ich sie ja geheiratet.

Mir hat unsere Gleichberechtigung zu einem interessanten Schritt verholfen, den mir manche gar nicht zugetraut hätten. Meine Eltern waren überrascht und sehr froh, dass die Enkel keinen Schaden davontrugen.

Für mich waren die Vätermonate eine tolle Zeit. Ich weiß nicht, ob ich mit Mitte 20 diesen Weg auch gegangen wäre. Zum Zeitpunkt unserer Familienplanung waren wir beide nicht mehr die Jüngsten. Wir hatten andere Beziehungen hinter uns, waren beruflich etabliert und mit Mitte 30 auch ein Stück lebenserfahren.

Wir arbeiten beide im Schichtdienst, können unsere Dienstpläne aufeinander abstimmen und hin und her tauschen. Ich bin wieder in Vollzeit tätig, bei Katja überlegen wir noch, ob sie 60 oder

80 Prozent ihrer Stelle ausfüllen wird. Da fallen wir dann doch in das alte Rollenverhalten zurück. Einer muss etwas reduzieren, damit die Familie nicht im Chaos endet. Für den Arbeitgeber ist es eine gute Lösung: Ich bin frei disponierbar, Katja arbeitet von montags bis mittwochs. Es entspricht auch ihrem Wunsch, mehr Zeit mit den Kindern zu verbringen.

Wir haben unsere Situation nie verklärend diskutiert und uns nie selbst belogen. Man muss realistisch sein und früh beginnen zu planen. Familie gründen hat nicht nur damit zu tun, eine Kerze anzuzünden und einen Sekt aufzumachen. Es bedeutet auch Planung, Pragmatismus und unromantisches Management. Wenn das funktioniert, bleibt die Romantik auch nicht auf der Strecke, dann hat man nämlich Zeit, sich einmal wieder auf sich als Paar zu konzentrieren.

Das Projekt Ehe und Kinder klappt nur, wenn beide ihre eigene Identität bewahren können. Der Vater muss sich eindringlich fragen: Kann und will ich das? Bin ich bereit, notwendige Kompromisse einzugehen? Wie weit kann ich meine eigenen Bedürfnisse für eine gewisse Zeit zurückstellen, damit der Frau Luft zum Atmen bleibt?

Sich selbst zu belügen, das Negieren von eigenen Bedürfnissen über einen vielleicht sogar jahrelangen Zeitraum führt fast zwangsläufig zur Scheidung oder zumindest in eine Ehe, die beide so nicht führen möchten. Am Ende leiden die Kinder.

Grundsätzlich gilt: Ich habe einen Partner geheiratet, mit dem ich Jahrzehnte zusammenleben will, keinen Samenspender oder Brutkasten.

20

»Wie viel hält das System Familie aus?«

Tina, 31, Karlsruhe, Diplom-Sozialpädagogin
Sohn Leon, 4
Tochter Nina, 2

Ihre größte Angst war es, irgendwann als Mutter zu mutieren, ein völlig anderer Mensch zu werden. Da war Tina noch nicht einmal schwanger. Sie wollte kein Muttertier werden, sie liebte ihren Beruf, ihr aktuelles Leben und wollte beides auch mit Kind genießen dürfen.

Tina erlaubte sich viel: Sie bekam zwei Kinder, entwickelte währenddessen nicht nur ihre berufliche Karriere weiter, sondern begann auch noch ein zweites Hochschulstudium, während sich andere Frauen in ihrem Umfeld ausschließlich der Kindererziehung widmeten.

Tina machte vieles anders. Anstrengend war es, manchmal bedrückend, aber es brachte auch Eigenständigkeit und Freiheit für Kopf und Seele.

Meine Wunschvorstellung war immer eine Kombination aus Beruf und Kindern. Einige Familien, die ich kannte, die sehr unbeschwert, unkompliziert, spontan und flexibel waren, bekamen Kinder und dann war mit all diesen guten Eigenschaften scheinbar Schluss. Da dämmerte mir bereits, dass es wohl eine Wunschvorstellung sein würde, diese Kombination mit Leichtigkeit statt mit Schwierigkeiten zu verwirklichen. Ich wollte meinen Beruf beibehalten, war aber gewappnet, dass wir genau würden planen müssen.

Ich musste mich grundlegend neu orientieren. Manche Frauen, mit denen ich mich früher über gemeinsame Interessen und berufliche Herausforderungen austauschen konnte, kannten später nur noch das Thema Kind. Das Baby stand im Zentrum und es war nicht mehr viel übrig von der Person drum herum. Manche Mütter gingen offensichtlich in dieser Rolle so sehr auf, dass sowohl der Beruf als auch Hobbys und der Freundeskreis kaum noch Bedeutung hatten. Mit ihnen konnte ich praktisch über nichts anderes mehr reden als über deren Kind und alles, was damit zusammenhing.

Es hätte mich damals vielleicht weniger gestört, wenn ich selbst Kinder gehabt und bei den Themen hätte mitsprechen dürfen. Denn natürlich hat man dazu auch eine Meinung, die man aber nicht äußern darf, weil Kinderlose angeblich nichts richtig nachvollziehen können und sich erst durch eigenen Nachwuchs als kompetent qualifizieren müssen. Jetzt bin ich qualifiziert, ich bin Mutter. Und ich kann es auch jetzt noch nicht ertragen, endlos nur über Kinder zu sprechen. Ein paar Stunden tausche ich mich gerne über Babymassage und Kinderturnen aus, das macht Spaß und hat einen gewissen Unterhaltungswert. Für mich bleibt aber immer wichtig, dass es trotzdem noch ein Drumherum gibt. Meine Freundschaften beruhen alle zum Glück auf mehr als darauf, dass wir Kinder im selben Alter haben.

Es gibt Situationen, da könnte ich verzweifeln: In einer Vorstellungsrunde präsentieren sich Männer mit ihren Erfolgen. Kinderlose Frauen sprechen über ihre berufliche Vita. Mütter nennen dann oft nur ihren Namen, ihr Alter und die Anzahl der Kinder. Dann kommt nichts mehr. Das ist schade, denn es macht Mütter uninteressant, weil ich mich schließlich nicht nur dafür interessiere, ob die Frauen Kinder haben oder nicht. Im Kontext einer beruflichen Veranstaltung ist es sogar völlig unerheblich. Man darf seinen Nachwuchs erwähnen, aber man sollte ihn nicht in den Mittelpunkt stellen. Mütter gibt es viele und deren Persönlichkeit besteht hoffentlich aus etwas mehr als aus dem Mutterdasein.

Wenn ein Kind geboren wird, stellt es natürlich das Leben in gewisser Weise auf den Kopf. Wir hatten ein sehr unkompliziertes erstes Kind, bei anderen Familien hörte ich häufig von durchwachten Nächten, Schreiattacken, Infekten. Das hatten wir nicht zu verkraften, trotzdem bestimmte auch bei uns das Kind den Tagesablauf: wann du schläfst und wann du nicht schläfst, ob du isst oder ob du nicht isst. Das Kind dominiert alles.

Im Gegenzug bekommt man selbstverständlich eine Menge zurück. Der Mutterinstinkt wird bei der Geburt mit ausgeschüttet.

Die Babys sind süß, sie fordern, dass man sich um sie sorgt, dass man sich kümmert. Wenn sie dann friedlich und zufrieden sind, ist man stolz, dass man das so gut hinbekommen hat. Es ist eine kritische Phase, denn ich habe oft erlebt, dass sich Frauen ab da nicht mehr weiterentwickelt haben. Zunächst einmal ist es natürlich eine Herausforderung, ein System zu finden, wie ich am besten mit dem Kind umgehe, welche Rituale ich einführe, welche Tagesstruktur ich schaffe, um alles zu organisieren.

Aber dann muss ich mich irgendwann auch wieder von dieser Konzentration auf das Kind lösen und mich den Themen meines vorigen Lebens widmen. Frauen, die das Kind zu sehr ins Zentrum stellen, negieren viele andere Varianten, die ein Leben mit mehreren Inhalten möglich machen.

Das eigene Modell muss offenbar geschützt werden, manche vertreten es jedoch so vehement, dass sie sich in Details verlieren. Natürlich ginge alles immer noch perfekter und man kann endlos Zeit investieren. Diese Mütter verlieren sich manchmal in – mitunter nur vermuteten – Erfolgserlebnissen, die sie sich selbst zuschreiben, nach dem Motto: Mein Kind schläft so toll, weil wir das mit dem Ins-Bett-Gehen so großartig machen. Das Kind schläft vielleicht einfach nur von Natur aus gut und ist pflegeleicht.

Ich sehe das ganze Themenfeld um Kinderbetreuung, Mütter und Vereinbarkeit von Kind und Arbeit noch mal besonders kritisch, weil es mein Beruf ist. Als ich mit Leon schwanger war, hatte ich mein Diplom als Sozialpädagogin bereits in der Tasche. Ich studierte an der Berufsakademie und blieb nach meinem Abschluss im selben Unternehmen. Wir waren für betriebsnahe Kinderbetreuung zuständig, die immer bereits auch Kinder unter drei Jahren im Blick hatte. Die pädagogisch hochwertige Umsetzung der Betreuung war auch das Thema meiner Diplomarbeit von 2003.

Zu der Zeit war die Betreuung der Kinder von null bis drei noch etwas Besonderes, mein Unternehmen hat hier sehr große

Pionierarbeit geleistet. Meine Aufgabe war es, mehrere Kindertagesstätten inhaltlich pädagogisch zu betreuen. Es ging zum Teil um innerbetriebliche und zum Teil um betriebsnahe Kitas. Unternehmen können Belegplätze in den Einrichtungen kaufen, offene Plätze werden von Privatleuten besetzt, die in der Gegend wohnen.

Als ich ein Kind erwartete, stand außer Frage, dass es in einer unserer Einrichtungen betreut werden würde. Vieles an meiner Haltung habe ich sicherlich meiner damaligen Chefin zu verdanken. Sie ermutigte mich von Beginn an, auch mit Kind bald wieder an meinen Arbeitsplatz zurückzukehren. Sie wäre bestimmt persönlich enttäuscht gewesen, wenn ich lange pausiert hätte. Es war also auch ein gewisser Druck vorhanden.

Ich beantragte zunächst einmal ein Jahr Elternzeit, plante jedoch, zumindest stundenweise eher wieder zu arbeiten. Mein Spezialgebiet war die konzeptionelle Weiterentwicklung von Einrichtungen. Wir wollten damals eine Schule gründen und waren dabei, einen Kongress zu organisieren, meine Mitarbeit fehlte also an vielen Ecken und Enden. Geholfen hat mir sicherlich, dass ich mir dessen bewusst war, dass ich den Berufswiedereinstieg mit meinem Arbeitgeber gemeinsam auf kurzem Dienstweg unbürokratisch würde planen können.

Ich selbst wappnete mich in vollem Bewusstsein gegen eine mögliche Mutation. Ich beriet mich mit meinen engsten Freundinnen, die zu der Zeit noch keine Kinder hatten. Ich bat sie inständig, mich genau zu beobachten und mich notfalls darauf hinzuweisen, wenn ich mich zu sehr ins Thema Kind verrenne und plötzlich den Blick für die anderen Seiten meines Lebens verliere.

Auch mit meinem Mann sprach ich darüber, dabei gab es aber viel Unsicherheit und Ambivalenz. Er arbeitete zu der Zeit als Unternehmensberater, er war kürzer im Job als ich, weil er länger studiert hatte. Er hatte eine sehr karriereorientierte Arbeitsstelle, musste viel reisen und war oft tagelang nicht da. Sein Job machte

ihm einen Riesenspaß und er ging vollkommen in seiner Tätigkeit auf. Ihm war aber auch klar, dass meine Mutter-Auszeit begrenzt sein würde und dass mir mein Beruf ebenso wichtig war
wie ihm seiner. Ich wollte ihn jedoch zu nichts zwingen, ihn nicht
drängen, »Hausmann« zu werden. Ebenso wenig hätte ich es ertragen, wenn er mich gebeten hätte, die nächsten zwei oder drei
Jahre zu Hause zu bleiben.

Es war eine gute Entscheidung, nichts zu forcieren. Von Anfang
an war er ein total liebevoller und fürsorglicher Vater, wenn er
zu Hause war. Im Laufe des ersten Jahres merkte er selbst immer
stärker, dass er seinen Beruf jetzt nicht mehr in dem Maße ausüben konnte und wollte. Sein Wunsch, eine aktivere Vaterrolle
einzunehmen, wurde größer und größer. Ich verlangte von ihm
nicht, seinen Job zu reduzieren oder bestimmte Aufgaben zu übernehmen. Ich war aber überzeugt davon, dass er seinen Weg selbst
definieren und verfolgen würde. Er sehnte sich nach mehr Zeit
mit seinem Kind. Er sollte selbst entscheiden, was er in seinem
Leben ändern wollte.

Als Leon fast ein Jahr alt war, nahm mein Mann drei Monate
Elternzeit, hängte seinen vielversprechenden, karrieregeprägten
Job an den Nagel und suchte sich einen anderen, bei dem er um
fünf Uhr Feierabend machen und seine Kinder täglich sehen
konnte, ohne sich dabei finanziell oder inhaltlich wirklich zu
verschlechtern.

Ich hatte im Zuge meiner Arbeit bis dato 600, 700 Kinder
kennengelernt und wusste: Jedes ist anders. Es ist ein Unterschied,
ob ich ein Schreikind bekomme, das sehr unglücklich und nervös
ist und viel Zuspruch braucht, oder ob ich ein friedliches, glückliches, ruhiges, zufriedenes Schlafkind habe, das zulässt, sich beruflichen Dingen zu widmen, ohne den Kopf voller Sorgen zu haben.

Unser Leon kam verspätet und per Kaiserschnitt zur Welt,
mein Mann hatte nur zwei Wochen Urlaub. Als ich dann mit
dem Kind alleine war, fühlte ich mich sehr einsam. Das Stillen

war meine Hauptbeschäftigung, ansonsten schlief mein Sohn viel. Während dieser Phasen las ich Fachliteratur. Eher über meine Arbeit, weniger übers Kinderkriegen oder -haben.

Eine Zeit lang fand ich es ganz schön, eine kleine Auszeit zu nehmen und mich mit anderen Müttern zu treffen. Mein Leben war bisher im Schnelldurchlauf durch Stress und Hektik bestimmt worden, jetzt genoss ich es, in Ruhe an Geburtstage zu denken, kleine SMS-Grüße an Freundinnen zu schreiben, die gerade eine Prüfung vor sich hatten. Kleine Aufmerksamkeiten, für die sonst im hektischen Berufsalltag oft kein Raum ist.

Obwohl ich relativ routiniert im Umgang mit Kindern war, waren die Nächte oft furchtbar. In der ersten Zeit, als mein Mann auf Dienstreise war, bat ich meine Mutter, bei uns zu übernachten. Ich hatte Angst davor, nachts mit einem schreienden Kind konfrontiert zu sein und nicht zu wissen, was ich tun sollte. Mein Mann fehlte mir in der Anfangszeit sehr. Ich musste ständig Dinge allein entscheiden, mich alleine um Kleinigkeiten kümmern, die aber im Alltag mit dem Baby wichtig sind: Wie oft es gestillt werden soll, ob seine Windel häufig genug nass ist, ob es zu wenig oder zu viel schläft.

Ich hatte eine Hebamme, der ich vertraute und der ich Fragen stellen konnte. Mein Kind war aber überwiegend unkompliziert und wir hatten eigentlich keine großen Schwierigkeiten. Deshalb fragte sie meistens ein paar Sachen ab, die klappten, und dann tranken wir Kaffee. Die wesentlichen Dinge hatten wir schnell besprochen. Trotzdem – gerade nachts – fehlte mir mein Partner, einfach um mich mit ihm auszutauschen, Dinge, die mich bewegten, mit ihm zu teilen.

Ein paar Wochen lang genoss ich es, Abstand von meiner immer sehr fordernden Berufstätigkeit zu bekommen. Als Leon drei Monate alt war, wurde eine neue Kita eröffnet. Meine Chefin rief an und erkundigte sich, wie es mit dem Baby lief. Als ich ihr berichtete, dass Leon pflegeleicht und unkompliziert sei, fragte sie mich, ob ich mit der Neueröffnung wieder einsteigen wolle. Wir verabredeten, dass ich für einen Tag in der Woche zurückkehren würde, wobei klar war, dass ich die Eröffnung der Kita intensiv begleiten würde, anfangs täglich und dann an zwei bis drei Tagen in der Woche.

Leon nahm ich öfter mit, ansonsten betreute ihn eine Freundin, die zu der Zeit noch studierte. Das war mir lieber, denn eigentlich wollte ich Privates und Berufliches streng trennen. Wenn ich arbeite, dann arbeite ich. Das klingt vielleicht seltsam, weil mein Beruf ja mit Kitas und Kindern zu tun hat. Ich wollte aber als Fachfrau in einer professionellen Rolle auftreten und nicht als Mutti mit Baby im Arm.

Leon verweigerte leider die Flasche, sodass das Abpumpen flachfiel. Er schrie sich bis in die Ohnmacht, wenn er anders trinken sollte als aus der Brust. Irgendwann waren die eingefrorenen Muttermilchvorräte verbraucht und alle möglichen Sauger ausprobiert. Ich erhielt eine einschneidende Belehrung durch das Kind. Früher hätte ich geglaubt, man müsse einfach so lange probieren, bis es klappt, und das Kind eben auch mal hungrig werden und ein bisschen schreien lassen. Jetzt musste ich aber aufgeben und Leon wieder stillen. Deswegen konnte er auch nicht in eine andere Kita gebracht werden. Wenn ich arbeitete, musste er in meiner Nähe sein, weil ich es nicht geschafft hätte, zu allen Stillmahlzeiten quer durch die Stadt zu fahren.

Ich gab ihn morgens bei den Erzieherinnen ab, die für die kleinen Kinder zuständig waren, dann begann ich mit der Arbeit – pädagogisches Coaching für ErzieherInnen. Planerische Aufgaben, wie die Vorbereitung von Elternabenden, erledigte ich von zu Hause aus. Einmal in der Woche stand abends eine zweistündige Teamsitzung an, zu der ich Leon anfangs mitnahm. Das war aber für mich und die anderen eine zu große Ablenkung: zehn ErzieherInnen und ein Baby, das mindert die Aufmerksamkeit. Also suchte ich eine Babysitterin, die während dieser zwei

Stunden auf ihn aufpasste. Mit meinem Mann war zu der Zeit noch nicht zu planen, er konnte sich nicht auf fixe Betreuungszeiten festlegen.

Kritik aus meinem privaten Umfeld gab es kaum. Wegen meines Fachwissens im Bereich der frühkindlichen Bildung, Erziehung und Betreuung war den meisten klar: Wenn Tina entscheidet, dass sie ihr Kind nach so kurzer Zeit in die Kita gibt, dann wird sie schon wissen, was sie tut.

Bei manchen hörte ich unterschwellig Irritation heraus, sie fühlten sich vor den Kopf gestoßen, wenn meine Variante ein Gegen-Modell zu ihrem darstellte. Meine engeren Freundinnen, die zu der Zeit noch keine Kinder hatten und jetzt welche bekommen, arbeiten heute alle. Indem ich vorgelebt habe, dass die Verbindung von Beruf und Kind organisiert werden kann, erhielten sie Einblick in ein Modell, das sie sich offenbar auch für ihre eigene Familie vorstellen konnten.

Die Mutationsgefahr war bei mir ausgeblieben. Für keinen Moment hätte ich meinen Beruf ganz aufgeben wollen. Einschränken, zurückfahren für die erste Zeit war kein Problem. Die wenigen Stunden, die ich nach der Geburt arbeitete, stockte ich dann nach einem halben Jahr auf 50 Prozent auf und erhöhte nach einem Jahr auf 70 Prozent. Das war die offizielle Lesart, das Arbeitsaufkommen war dagegen das einer Vollzeitstelle.

Ich habe versucht, meine Stunden zu reduzieren, aber das ging nicht, die Arbeit musste ja erledigt werden. Die einzige Kompensation war eine volle Bezahlung, die mir aber auch nicht half, wenn ich mein Kind vermisste. Beim zweiten Kind fiel es mir später sogar noch schwerer. Aber mir war klar, dass ich ohne Arbeit nicht glücklich geworden wäre. Die ersten Monate zu Hause als Mutter waren schön, aber als ich mir wieder einen Rock anzog und nicht mehr im häuslichen Schlabberlook umherlief, war ich doch erleichtert. Ich war erleichtert, als ich wieder das erste fachliche Gespräch mit Kollegen führte, das Feedback der Chefin bekam, den Austausch mit Mitarbeitern hatte. Vielleicht könnte ich glücklich sein, ohne zu arbeiten, aber nur in einem ebenfalls nicht berufstätigen Umfeld. Dann könnte ich mich jederzeit mit allen Freunden treffen und mit meinem Mann und den Kindern tolle Reisen unternehmen.

Bei mir kam auch die Profession zum Tragen. Ich hielte es für nahezu bösartig, meinen Kindern die Entwicklungsmöglichkeiten zu nehmen, die sie in der Kita haben. Natürlich habe ich zwischendurch auch immer wieder Anfälle und bin kurz davor, alles hinzuwerfen, dann frage ich mich, warum ich mir den ganzen Stress antue. Aber die Antwort liegt auf der Hand: Drei Tage Hausfrau- und Mutter-Dasein hat mich fast mehr angestrengt als mein Job. Kinder den ganzen Tag zu beschäftigen, mich um sie kümmern zu müssen, auf alle Bedürfnisse eingehen zu müssen, das macht mir ein paar Tage lang Spaß, aber auf Dauer macht es mich nicht glücklich. Jeder aus unserer Familie hat seine Eigenständigkeit: Alltag in der Kita, der berufliche Part im Erwachsenenleben.

Ich würde auch nicht ständig meinen Mann zu Hause haben wollen. Wir alle machen unsere eigenen Erfahrungen, treffen uns dann wieder und tauschen uns aus. Vorher haben wir Ruhe voreinander gehabt und dann freuen wir uns wieder aufeinander. Ich bin mir ganz sicher: Wenn unsere Kinder nicht die Kita besuchten, würden wir nicht über ein drittes Kind nachdenken.

Müttern wird nach wie vor die Last auferlegt. Wenn du ein Kind willst, dann hast du auch 24 Stunden am Tag dafür da zu sein, weil es ja das ist, was du eigentlich möchtest. Dagegen ist es völlig normal, dass Männer Kinder wollen, aber selbstverständlich nichts an ihrer beruflichen Situation ändern. Trotzdem sind sie liebende, glückliche Väter, die am Wochenende mit ihren Söhnen zum Fußballspiel gehen. Keiner käme darauf zu sagen: Warum hat dieser Vater denn überhaupt Kinder bekommen?

Ich kümmere mich sehr gut um meine Kinder. Ich gebe so viel, damit es ihnen gut geht, wir unternehmen viel zusammen und haben tolle Erlebnisse. Ich habe auch nicht das Gefühl, dass ich zu wenig von meinen Kindern hätte. Sie sind in meinem Kopf, in meinen Gedanken ständig präsent, sie durchziehen meinen gesamten Alltag. Für jede Minute, in der die Kita nicht zur Verfügung steht, muss ich eine Betreuung organisieren, muss aktiv werden, wenn sie krank sind, organisiere Freizeit, Hobbys und Urlaube. In bestimmt 80 Prozent aller meiner verfügbaren Zeit spielen die Kinder eine Rolle und ich brauche sie sehr.

Einen Traum habe ich verwirklicht: Ich wollte immer noch mal studieren. Das Semester begann drei Monate, bevor Nina in die Krippe kam. Wir planten exakt: Mein Mann nahm in der Zeit jeden Dienstag Urlaub, meine Mutter jeden Montag. An diesen zwei Tagen ging ich zur Uni. Es stellt eine große Belastung dar und ich zweifle immer wieder daran, ob das, was ich meiner Familie und mir zumute, angemessen ist.

Ich weiß nicht, an welcher Stelle das Familiensystem darunter zusammenbricht. Im Moment habe ich das Gefühl, ich komme mit dem Studium gut voran, die Kinder entwickeln sich positiv und wir führen eine gute Ehe. Trotzdem gibt es Momente, in denen ich abends die Kinder anschreie. Ich schreie, mein Mann schreit, die Kinder schreien und im schlimmsten Fall gehen sie heulend ins Bett. Kinder leiden unter dem Stress ihrer Eltern. Aber Stress hängt nicht zwingend mit Beruf und Karriere zusammen, der kann auch durch Frust und Unzufriedenheit zu Hause kommen. Ich ziehe ein Vollzeitstudium durch und arbeite zusätzlich in einer Halbtagsstelle als leitende Angestellte. Ich weiß nicht, ob es das wert ist, aber meine Aufgaben sind unglaublich erfüllend. Ich ziehe viel Energie daraus, die ich wiederum für meine Familie investiere. Ich sehe für mich eine tolle Perspektive und denke über eine Dissertation nach, von der ich mir gut vorstellen kann, die Arbeit daran mit den Kindern zu vereinbaren.

Meine größte Angst ist, dass die Kinder später mal sagen, ich sei nie für sie da gewesen und ihre Kindheit wurde stattdessen nur von der Kita geprägt. Ich weiß, was ich ihnen gebe, und wann immer wir Zeit miteinander verbringen, bin ich präsent und wach für ihre Anliegen, für ihre Interessen. Ganz egal, ob wir physisch gerade nebeneinander stehen oder räumlich getrennt sind: Meine Liebe und meine Fürsorge begleiten die Kinder jederzeit. Und das spüren sie.

Ich danke von ganzem Herzen:

- meinem Mann und meinen Kindern für ihre Liebe und ihre Unterstützung all meiner Projekte;
- meinen wundervollen Söhnen, die mich jederzeit spüren lassen, dass ich die beste Mutter bin;
- meinen Eltern, die mich schon immer bedingungslos in allem unterstützt, ermutigt und bestärkt haben, für all ihre Liebe, Fürsorge und Förderung;
- ausdrücklich meiner Mutter, die das beste Vorbild für mich als ebenfalls berufstätige Mutter ist;
- den besten Schwiegereltern von allen für ihr andauerndes Interesse an meiner Arbeit und spannende, weiterführende und ermunternde Gespräche;
- Linda und Kathrin für ihre unschätzbare Hilfe seit Jahren. Ihr gehört zur Familie!
- Associate Professor Sharen Liu, die mich schwanger als Dozentin an der Nanyang University Singapore eingestellt hat, obwohl absehbar war, dass das Examen kurz nach dem Geburtstermin liegen würde. Sie überließ es mir, das Semester dementsprechend zu organisieren. Dank meiner Rabenmutter, die als Hilfe einflog, konnte ich alle Prüfungen persönlich abnehmen und in den Pausen mein Baby stillen.
- allen interviewten Müttern und Vätern für ihre Offenheit, ihre Zeit und ihr Vertrauen, mit mir persönlichste Erfahrungen zu teilen und mich darüber schreiben zu lassen;
- dem Verband berufstätiger Mütter e.V. (VBM) für die wertvolle und weiterführende Unterstützung meiner Recherche (www.vbm-online.de);
- den unzähligen Müttern, Vätern und ExpertInnen, mit denen ich mich während meiner Recherche ausführlich austauschen durfte, für weiterführende Denkanstöße;
- meiner klugen und liebenswerten Lektorin Nadine Landeck für ihren diplomatischen Rasenmäher;

- meiner schlauen und sensiblen Pressefrau Ulrike Bauer, die sich mit mir über Interviews genauso gerne austauscht wie über unsere Kinder;
- allen lieben Freundinnen und Kolleginnen in meinem Umfeld, die ebenfalls Rabenmütter sind und deren Kinder prächtig gedeihen.

Die Autorin

Antje Diller-Wolff leitet das Team von shs medien. Die studierte Medien- und Sprachwissenschaftlerin ist seit vielen Jahren bekannt als Moderatorin, Live-Reporterin, Autorin und Sprecherin für Medien wie Spiegel TV. Mit ihrer Fernsehproduktionsfirma shs medien realisiert sie außerdem Imagefilme für Unternehmen sowie größere Produktionen für die Kinoleinwand. Sie führte unter anderem Regie beim Kinospot »Schutzengel«.

Antje Diller-Wolff lehrte zwei Jahre lang als Dozentin an der Nanyang University Singapore. Dort unterrichtete sie am Lehrstuhl für Journalistik und Kommunikationswissenschaften. Das praktische Rhetorik-Training & Kommunikations-Coaching ist seit Jahren ein Schwerpunkt ihrer Arbeit. Sie ist fester Bestandteil der Weiterbildungsprogramme diverser IHKS, LWKs und HWKs, Wirtschaftsförderungen und Koordinierungsstellen Frauen & Wirtschaft. Antje Diller-Wolff trainiert regelmäßig Politiker und Führungskräfte großer deutscher Firmen und Verwaltungen. Außerdem moderiert sie Veranstaltungen und Podiumsdiskussionen in den Bereichen Politik, Kultur und Wirtschaft. Im Schwarzkopf & Schwarzkopf Verlag sind bereits ihre Bücher »Alle meine Babys«, »Teenagermütter« sowie »Glück und Leid des Stillens« erschienen.

http://www.shsmedien.de | www.twitter.com/ADillerWolff
www.facebook.com/AntjeDillerWolff.shsmedien

ZWISCHEN KARRIERE UND KRABBELGRUPPE

WIE FRAUEN WELTWEIT KIND UND JOB VEREINBAREN –
PERSÖNLICHE ERFAHRUNGSBERICHTE VON 20 MÜTTERN RUND UM DEN GLOBUS

ZWISCHEN KARRIERE UND KRABBELGRUPPE
20 BERUFSTÄTIGE MÜTTER AUS ALLER WELT ERZÄHLEN,
WIE SIE FAMILIE UND JOB UNTER EINEN HUT BEKOMMEN
Von Peggy Wandel
288 Seiten, Taschenbuch
ISBN 978-3-86265-168-9 | Preis 9,95 €

»Mit ihrem Buch »Zwischen Karriere und Krabbelgruppe« erweitert Peggy Wandel, die Debatte um die Vereinbarkeit von Kind und Karriere um eine internationale und zugleich sehr persönliche Perspektive.

Sie hat 20 berufstätige Mütter aus Deutschland und der ganzen Welt interviewt, die von ihrem Leben zwischen Familie und Job berichten. Während zum Beispiel Petra aus Finnland von der Babyerstausstattung vom Staat profitiert, kämpft Natalia in England mit den hohen Kosten für die Kinderbetreuung und Shereen in Südafrika für ihre Selbstständigkeit und die Ausbildung ihrer Zwillinge.

In 20 beeindruckenden Porträts hat Peggy Wandel persönliche Erzählungen mit Fakten und nationalen Besonderheiten verwoben – zu einem ebenso informativen wie spannenden Lesevergnügen.« SAM

PIMP YOUR KID

SEHR UNTERHALTSAM UND HERRLICH BÖSE –
DIESES BUCH SPRICHT STRESSGEPLAGTEN ELTERN AUS DER SEELE

PIMP YOUR KID
FRAGE NICHT, WAS DU FÜR DEIN KIND TUN KANNST.
FRAGE, WAS DEIN KIND FÜR DICH TUN KANN!
Von Yvonne de Bark
216 Seiten, Taschenbuch
ISBN 978-3-86265-208-2 | Preis 9,95 €

Ein herrlich sarkastischer Erziehungsratgeber: So können Eltern endlich wieder einmal die Füße hochlegen und ihren heißen (!) Kaffee in Ruhe genießen. Sehr unterhaltsam und herrlich böse – dieses Buch spricht stressgeplagten Eltern aus der Seele. Mit schwarzem Humor und ebenso viel Mutterliebe!

Jeder möchte das perfekte Kind. »Pimp your kid« zeigt, wie es geht. In ihrem neuen Buch erzählt die Schauspielerin und zweifache Mutter Yvonne de Bark, was die Kleinen wirklich können und wissen müssen, um ihre Eltern glücklich zu machen!

Die Autorin ist sich sicher: Jedes Kind kann lernen, dass Mülleimer keine Beine haben, Mama und Papa keine Kellner sind und dass es sich lohnt, die rührende Aufmerksamkeit der ersten Jahre konsequent an die Erzieher zurückzugeben.

Antje Diller-Wolff
RABENMÜTTER UND HEIMCHENVÄTER
Von Frauen mit Kind im Beruf und Männern in Elternzeit
ISBN 978-3-86265-211-2
© Schwarzkopf & Schwarzkopf Verlag GmbH, Berlin 2013

KATALOG
Wir senden Ihnen gern kostenlos unseren Katalog.
Schwarzkopf & Schwarzkopf Verlag GmbH
Kastanienallee 32, 10435 Berlin
Telefon: 030 – 44 33 63 00
Fax: 030 – 44 33 63 044

INTERNET | E-MAIL
www.schwarzkopf-schwarzkopf.de
info@schwarzkopf-schwarzkopf.de